山东

文化「两创」

中共山东省委宣传部 编

面面观

山东人民出版社·济南

国家一级出版社 全国百佳图书出版单位

图书在版编目（CIP）数据

山东文化"两创"面面观 / 中共山东省委宣传部编 .— 济南：
山东人民出版社, 2023.11
ISBN 978-7-209-14857-3

Ⅰ．①山… Ⅱ．①中… Ⅲ．①地方文化－文化事业－建设－山
东 Ⅳ．①G127.52

中国国家版本馆CIP数据核字（2023）第201454号

山东文化"两创"面面观
SHANDONG WENHUA LIANGCHUANG MIANMIANGUAN
中共山东省委宣传部　编

主管单位　山东出版传媒股份有限公司
出版发行　山东人民出版社
出 版 人　胡长青
社　　址　济南市市中区舜耕路517号
邮　　编　250003
电　　话　总编室（0531）82098914
　　　　　市场部（0531）82098027
网　　址　http://www.sd-book.com.cn
印　　装　济南新先锋彩印有限公司
经　　销　新华书店

规　　格　16开（169mm×239mm）
印　　张　13.5
字　　数　180千字
版　　次　2023年11月第1版
印　　次　2023年11月第1次
ISBN 978-7-209-14857-3
定　　价　59.00元
　　　　　如有印装质量问题，请与出版社总编室联系调换。

前　言

"求木之长者，必固其根本；欲流之远者，必浚其泉源。"中华优秀传统文化是中华民族的精神命脉，是涵养社会主义核心价值观的重要源泉，也是我们在世界文化激荡中站稳脚跟的坚实根基。

党的十八大以来，习近平总书记以坚定的文化自觉、宏阔的历史视野、深远的战略考量，在新时代文化建设方面提出一系列新思想新观点新论断，对宣传思想文化工作作出一系列战略部署，丰富和发展了马克思主义文化理论，形成了习近平文化思想，引领中华优秀传统文化创造性转化、创新性发展，推动中华文脉绵延繁盛、中华文明历久弥新。

山东是中华文明的重要发祥地和儒家思想的发源地，有着丰厚的历史底蕴和宝贵的文化资源。党的十八大以来，习近平总书记多次视察山东并作出重要指示，对山东文化"两创"工作寄予厚望。2013年11月，习近平总书记在曲阜视察时发出大力弘扬中华优秀传统文化的号召。2018年6月，习近平总书记再次对山东发挥传统文化资源优势提出殷切期望。2021年5月，习近平总书记给《文史哲》编辑部回信时，又一次强调"在新的时代条件下推动中华优秀传统文化创造性转化、创新性发展"。

山东广大干部群众始终牢记习近平总书记的殷殷嘱托，把文化"两创"作为重大政治任务，以"走在前，开新局"的底气和魄力，充分发挥山东历史悠久、资源富集、人文荟萃的区域文化优势，多策并举、数管齐下，形成了保护、传承和弘扬中华优秀传统文化的"山东范式"，走出了一条模式创新、特色鲜明、成效显著的"山东路径"。

新时代新征程，山东将坚持以习近平新时代中国特色社会主义思想为指导，贯彻落实习近平文化思想，充分发挥人文沃土可以深度耕作的优势，坚定文化自信，深入打造文化"两创"新标杆，为建设中华民族现代文明作出山东贡献。

目录

第一章　强音振铎开宏图

——深入认识理解文化"两创"

新时代新征程，世界百年未有之大变局加速演进，中华民族伟大复兴进入关键时期。站在新的历史起点上，继续推动文化繁荣、建设文化强国、建设中华民族现代文明是历史和民族所赋予我们的新的文化使命。习近平总书记指出："不忘历史才能开辟未来，善于继承才能善于创新。优秀传统文化是一个国家、一个民族传承和发展的根本，如果丢掉了，就割断了精神命脉。"中华优秀传统文化源远流长、博大精深，是中华民族在五千多年的历史长河中积淀的智慧结晶，是中华民族的突出优势，也是文化自信和文化繁荣的基石。建设中华民族现代文明，就必须要传承好、发展好中华优秀传统文化。

文化"两创"是指中华优秀传统文化的创造性转化和创新性发展。党的十八大以来，以习近平同志为核心的党中央紧密结合新的时代条件和发展要求，站在坚持和发展中国特色社会主义、实现中华民族伟大复兴中国梦的战略高度，深入审视和评析中华优秀传统文化的当代价值，明确提出推进中华优秀传统文化创造性转化和创新性发展的重大命题，并且围绕这一重大命题作出一系列重要论述，形成了一个逻辑严整、内涵丰富、意蕴丰厚的理论体系，成为习近平文化思想的重要组成部分。

一、文化"两创"的演进脉络

党的十八大以来，习近平总书记多次在不同场合强调传承中华优秀传统文化的重大意义。习近平总书记关于中华优秀传统文化"两创"的一系列重要论述，呈现出清晰的演进脉络，从提出中华优秀传统文化创造性转化、创新性发展，到文化"两创"成为与"二为"方向、"双百"方针相并列的新时代中国文化建设和文化发展的重要指导思想，充分体现出中国共产党坚持马克思主义立场方法，立足中国实际，领导全国人民进行文化探索所取得的伟大成就。

（一）文化"两创"的提出

2013年11月26日，习近平总书记在山东曲阜孔府和孔子研究院参观考察时指出，一个国家、一个民族的强盛，总是以文化兴盛为支撑的，中华民族伟大复兴需要以中华文化发展繁荣为条件。对历史文化特别是先人传承下来的道德规范，要坚持古为今用、推陈出新，有鉴别地加以对待，有扬弃地予以继承。这次讲话面向全社会明确发出了大力传承弘扬中华优秀传统文化的要求。

"创造性转化、创新性发展"的首次提出是在2013年12月30日。习近平总书记在主持十八届中共中央政治局第十二次集体学习时指出："继承和弘扬我国人民在长期实践中培育和形成的传统美德，坚持马克思主义道德观、坚持社会主义道德观，在去粗取精、去伪存真的基础上，坚持古为今用、推陈出新，努力实现中华传统美德的创造性转化、创新性发展。"此处使用的表述是"中华传统美德的创造性转化、创新性发展"。在2014年省部级主要领导干部学习贯彻十八届三中全会精神全面深化改革专题研讨班开班式上的讲话中，习近平总书记沿用了这一表述，并且进一步提出"把跨越时空、超越国度、富有永恒魅力、具有当代价值的文化精神弘扬起来，把继承优秀传统文化又弘扬时代精神、立足本国又面向世界的当代中国文化创新成果传播出去"。这一论述内容更加丰富，明确指出了弘扬优秀传统文化与传播当代中国文化创新成果的密切关系。

在后来的多次重要讲话中，习近平总书记反复强调文化"两创"的重要性，并且不断深化和丰富关于"两创"的论述。根据历次讲话的语境，"两创"的对象有时是"中华传统美德"，有时是"中华文化""中华文明"等，但其内在指向都是中华优秀传统文化。

2014年9月24日，在纪念孔子诞辰2565周年国际学术研讨会暨国际儒学联合会第五届会员大会开幕会上，习近平总书记强调："要坚持古为今用、以古鉴今，坚持有鉴别的对待、有扬弃的继承，而不能搞厚古薄今、以古非今，努力实现传统文化的创造性转化、创新性发展，使之与现实文化相融相通，共同服务以文化人的时代任务。"2014年10月15日，习近平总书记在文艺工作座谈会上再次强调："传承中华文化，绝不是简单复古，也不是盲目排外，而是古为今用、洋为中用，辩证取舍、推陈出新，摒弃消极因素，继承积极思想，'以古人之规矩，开自己之生面'，实现中华文化的创造性转化和创新性发展。"

2016年5月17日，习近平总书记在哲学社会科学工作座谈会上的重要讲话是丰富文化"两创"理论的一个重要节点。习近平总书记高度凝练地阐明了中华文明、中华优秀传统文化对于中华民族的重要意义，指出："中华民族有着深厚文化传统，形成了富有特色的思想体系，体现了中国人几千年来积累的知识智慧和理性思辨。这是我国的独特优势。中华文明延续着我们国家和民族的精神血脉，既需要薪火相传、代代守护，也需要与时俱进、推陈出新。"习近平总书记号召加强对中华优秀传统文化的挖掘和阐发："使中华民族最基本的文化基因与当代文化相适应、与现代社会相协调，把跨越时空、超越国界、富有永恒魅力、具有当代价值的文化精神弘扬起来。"推动中华文明创造性转化、创新性发展，激活其生命力，不仅有益于塑造中国当代文明，服务中国当代社会，也"让中华文明同各国人民创造的多彩文明一道，为人类提供正确精神指引"。这是习近平总书记站在全人类角度，从"人类命运共同体"理念出发作出的重要论述，极大地丰富了文化"两创"的内涵。

2017年，中共中央办公厅、国务院办公厅印发《关于实施中华优秀传统文化传承发展工程的意见》，指出"两创"是传承发展工程的一项基本原则。这是党的历史上第一次以中央文件的形式，从政策性角度对中华优秀传统文化传承发展工作进行专题阐述和全面部署，将"坚持创造性转化和创新性发展"列为基本原则之一，其内涵被表述为："坚持辩证唯物主义和历史唯物主义，秉持客观、科学、礼敬的态度，取其精华、去其糟粕，扬弃继承、转化创新，不复古泥古，不简单否定，不断赋予新的时代内涵和现代表达形式，不断补充、拓展、完善，使中华民族最基本的文化基因与当代文化相适应、与现代社会相协调。"这一表述涵括了"两创"的指导原则、实践方法和方向目标，为"两创"在理论探索和实践操作上指明了方向。

（二）文化"两创"理论的深化发展

党的十九大报告是文化"两创"理论丰富发展的里程碑。习近平总书记为中国特色社会主义文化作了明确界定，对中华优秀传统文化、革命文化和社会主义先进文化的关系作了精准阐述，他指出："中国特色社会主义文化，源自于中华民族五千多年文明历史所孕育的中华优秀传统文化，熔铸于党领导人民在革命、建设、改革中创造的革命文化和社会主义先进文化，植根于中国特色社会主义伟大实践。发展中国特色社会主义文化，就是以马克思主义为指导，坚守中华文化立场，立足当代中国现实，结合当今时代条件，发展面向现代化、面向世界、面向未来的，民族的科学的大众的社会主义文化，推动社会主义精神文明和物质文明协调发展。要坚持为人民服务、为社会主义服务，坚持百花齐放、百家争鸣，坚持创造性转化、创新性发展，不断铸就中华文化新辉煌。"在这里，习近平总书记强调中国特色社会主义文化源自中华优秀传统文化，这是对中华优秀传统文化的充分肯定，体现了坚守中华文化立场、传承中华文脉的文化自觉，深刻阐明了推动中华优秀传统文化创造性转化、创新性发展的根本原因和重大意义。

党的二十大报告更加明确了文化"两创"的重要地位。习近平总书记指出："我们要坚持马克思主义在意识形态领域指导地位的根本制度，坚持为人民服务、为社会主义服务，坚持百花齐放、百家争鸣，坚持创造性转化、创新性发展，以社会主义核心价值观为引领，发展社会主义先进文化，弘扬革命文化，传承中华优秀传统文化，满足人民日益增长的精神文化需求，巩固全党全国各族人民团结奋斗的共同思想基础，不断提升国家文化软实力和中华文化影响力。"党的二十大报告再次将"两创"与"二为"方向、"双百"方针并列，重申文化"两创"在提升国家文化软实力和中华文化影响力方面不可或缺的重要性。

2023年6月2日，习近平总书记在文化传承发展座谈会上发表重要讲话。他站在推动文化繁荣、建设文化强国、建设中华民族现代文明的高度，充分论述了中华文明的五个突出特性，明确指出："中国文化源远流长，中华文明博大精深。只有全面深入了解中华文明的历史，才能更有效地推动中华优秀传统文化创造性转化、创新性发展，更有力地推进中国特色社会主义文化建设，建设中华民族现代文明。"同时，习近平总书记对中华优秀传统文化同马克思主义的结合作了重要论述，更加明确了"两创"的指导思想和终极目标，充分说明我们党对中华优秀传统文化创造性转化和创新性发展理论的认识达到了新的高度。

延伸阅读

文艺创作要有文化传统的血脉

文艺创作不仅要有当代生活的底蕴，而且要有文化传统的血脉。"求木之长者，必固其根本；欲流之远者，必浚其泉源。"

中华优秀传统文化是中华民族的精神命脉，是涵养社会主义核心价值观的重要源泉，也是我们在世界文化激荡中站稳脚跟的坚实根基。增强文化自觉和文化自信，是坚定道路自信、理论自信、制度自信的题中应有之义。如果"以洋为尊"、"以洋为美"、"唯洋是从"，把作品在国外获奖作为最高追求，跟在别人后面亦步亦趋、东施效颦，热衷于"去思想化"、"去价值化"、"去历史化"、"去中国化"、"去主流化"那一套，绝对是没有前途的！事实上，外国人也跑到我们这里寻找素材、寻找灵感，好莱坞拍摄的《功夫熊猫》、《花木兰》等影片不就是取材于我们的文化资源吗？

——习近平：《在文艺工作座谈会上的讲话》（2014年10月15日），人民出版社2015年版。

二、文化"两创"的丰富内涵

文化"两创"是传承弘扬中华文明的重要途径，是以马克思主义文化观为指导，借鉴中国近代以来继承与发展传统文化的经验并结合新时代社会主义文化发展的实际提出的成熟的文化理论，是党和人民在实践中产生的智慧结晶。

（一）何为"创造性转化"和"创新性发展"

"创造性转化"和"创新性发展"具有不同的定义和概念，它们在内容、特征、作用上各有侧重、各有所指，但二者又是互为关联、不可分割的有机统一体，具有深刻的内在逻辑关系。

关于"创造性转化"和"创新性发展"的内涵要义，2014年2月24日，习近平总书记在主持十八届中共中央政治局第十三次集体学习的讲话中作了重要阐释：创造性转化，就是要按照时代特点和要求，对那些至今仍有借鉴价值的内涵和陈旧的表现形式加以改造，赋予其新的时代内涵和现代表达形式，激活其生命力。创新性发展，就是要按照时代的新进步新进展，对中华优秀传统文化的内涵加以补充、拓展、完善，增强其影响力和感召力。

创造性转化着眼于中华优秀传统文化的现代转型，包括在理念上、内容上、表达上、形式上等各个层面，是以创造性为特征，以转化为标志，力求实现传统文化的新生再造，使之展现为新样态。创造性转化不是简单地搬运移植过来，而是按照当今时代要求、现实社会标准、当代中国人思维来进行，以现实为尺度，以服务现实为旨归，力求与现代社会接轨、与民众需求相吻合，为时代所用、为现实所用。创新性发展是创造性转化的目的和归宿，是对传统文化的提升和超越，也是文化与时俱进的必然结果。创新性发展的目的是更好地建设中国特色社会主义先进文化，这是传统文化现代化的重要途径，也是实现创造性转化的必然要求和应有结果。

（二）文化"两创"的基本要求和工作方法

2016年5月17日，习近平总书记在哲学社会科学工作座谈会上指出："我们要坚持不忘本来、吸收外来、面向未来，既向内看、深入研究关系国计民生的重大课题，又向外看、积极探索关系人类前途命运的重大问题；既向前看、准确判断中国特色社会主义发展趋势，又向后看、善于继承和弘扬中华优秀传统文化精华。""不忘本来、吸收外来、面向未来"，鲜明体现了"两创"的基本要求和工作方法。

不忘本来，就是要坚决守护好我们的文化根脉，对其进行传承与弘扬，为不断铸就中华文化新辉煌植根塑魂。绵延5000多年的中华优秀传统文化包含丰厚的哲学思想、人文精神、道德规范，深刻影响了世界文明，具有不可磨灭的历史作用和时代价值。习近平总书记指

⊙ 山东博物馆藏银雀山汉简《孙膑兵法》

出："不忘本来才能开辟未来，善于继承才能更好创新。"要认真汲取中华优秀传统文化的思想精华和道德精髓，大力弘扬以爱国主义为核心的民族精神和以改革创新为核心的时代精神，深入挖掘和阐发中华优秀传统文化讲仁爱、重民本、守诚信、崇正义、尚和合、求大同的时代价值，使中华优秀传统文化成为涵养社会主义核心价值观的重要源泉。惟有始终植根于中华文化的沃土之中，新时代的文化之树才能根深叶茂。

吸收外来，就是要善于融通国外各种有益的思想文化资源，大胆吸收借鉴人类创造的一切优秀文明成果，为不断铸就中华文化新辉煌源源不断地提供养料和活力。中华文化具有突出的包容性，从根本上决定了中华民族交往交流交融的历史取向，决定了中国各宗教信仰多元并存的和谐格局，决定了中华文化对世界文明兼收并蓄的开放胸怀。实现中华优秀传统文化创造性转化、创新性发展，既要不忘本来、植根塑魂，也要吸收外来、交流互鉴，在"各美其美"的前提下，实现"美人之美，美美与共"。坚持吸收外来，必须坚决摒弃心胸狭隘的排外主义和妄自尊大的自我中心主义，以兼收并蓄、海纳百川的气度，了解并理解文化的多样性，尊重其他国家和民族的文化特殊性，开放自信地与之交流、交融和互鉴、互补，避免文明冲突，实现文明和睦。对待外来文化，要立足国情进行中国化，去粗取精、去伪存真，使外来文化中优秀的、有生命力的要素在中国大地上生根发芽、开花结果，成为中华文化的有机组成部分。

面向未来，就是要在继承优秀传统文化和吸收有益外来文化的基础上，坚定文化自信，不断推进文化创新发展。不断推动中国特色社会主义文化繁荣兴盛，建设社会主义文化强国，既是实现"两个一百年"奋斗目标、实现中华民族伟大复兴中国梦的应有之义，也是中华优秀传统文化创造性转化、创新性发展的终极指向。建设中国特色社会主义文化，必须始终服从服务于实现"两个一百年"奋斗目标和中华民族伟大复兴的中国梦，充分发挥先进文化的引领、感召作用，沿着建设社会主义文化强国的康庄大道奋勇前进。

延伸阅读

"各美其美，美人之美，美美与共，天下大同"

1990年12月，在就"人的研究在中国——个人的经历"主题进行演讲时，著名社会学家费孝通先生总结出了"各美其美，美人之美，美美与共，天下大同"这一处理不同文化关系的十六字"箴言"。他认为，要尊重文化多样性，先要发现自身之美，尊重自己民族的文化，培育好、发展好本民族文化；然后发现、欣赏他人之美，尊重其他民族的文化；再到相互欣赏、互相学习，最后达到一致和融合，实现世界文化繁荣。

2019年5月15日，习近平主席在亚洲文明对话大会开幕式上的主旨演讲中引用了"美人之美，美美与共"这句话。他指出："每一种文明都是美的结晶，都彰显着创造之美。一切美好的事物都是相通的。人们对美好事物的向往，是任何力量都无法阻挡的！各种文明本没有冲突，只是要有欣赏所有文明之美的眼睛。我们既要让本国文明充满勃勃生机，又要为他国文明发展创造条件，让世界文明百花园群芳竞艳。"

三、文化"两创"的重大意义

文化"两创"是习近平新时代中国特色社会主义思想的重要组成部分，它科学回答了中华优秀传统文化为什么传承、传承什么、怎样传承等问题，为中国特色社会主义文化建设创造了新的发展路径，为我们正确看待传统文化与新时代中国文化发展的关系指明了方向，也为创造人类文明新形态提供了价值遵循和方法路径。

（一）文化"两创"是中华优秀传统文化传承发展的重要指导遵循

文化是一个民族的灵魂，决定着一个国家的未来。从历史进程来看，中国共产党一直是中华优秀传统文化的忠实继承者和弘扬者，在长期的革命和建设实践中，逐渐形成了一套稳定的指导、引领、推动、规范文化建设和发展的基本方针。20世纪50年代初，毛泽东同志提出"百花齐放、百家争鸣"的"双百"方针，强调营造一种生动活泼的文化氛围，受到广大知识分子的热烈欢迎和衷心拥护。20世纪80年代，邓小平同志提出文艺为人民服务、为社会主义服务的"二为"方向，科学阐明了社会主义文艺事业的宗旨、任务和根本目标，为改革开放以来社会主义文艺事业的繁荣发展指明了道路。

进入新时代，培育和弘扬社会主义核心价值观，实现中华民族伟大复兴中国梦，越来越需要思想文化的繁荣兴盛发挥支撑作用。习近平总书记指出，中华文明具有突出的连续性，如果不从源远流长的历史连续性来认识中国，就不可能理解古代中国，也不可能理解现代中国，更不可能理解未来中国。在此背景下，中华优秀传统文化的重要性得到了充分凸显。中华优秀传统文化创造性转化和创新性发展，是用历史唯物主义和辩证唯物主义指导文化发展的创举，它破除了传统与现代二元对立的思维，回归文化发展本有的承续性，采用扬弃的方式处理传统文化与当代文化发展问题，既纠正了对待中华传统文化的片面态度和偏激做法，廓清了虚无主义、复古主义、功利主义等思想迷雾，又对我们党在新形势下推动文化繁荣发展提出了方向明确、操作性强的要求。它既是传承中华优秀传统文化的纲领，又是推动当前文化繁荣发展的指南。

（二）文化"两创"为铸就中华文化新辉煌奠定了坚实基础

文化"两创"坚持中国特色，扎根中国文化实践的沃土，从人民大众的现实生活出发，坚持为人民服务、为社会主义服务的宗旨，将中华优秀传统文化的因子与现代生活融合并深入中国人的言行，为建设社会主义现代化文化强国提供了思想源泉，有力地推进了社会主义先进文化的繁荣发展。

中华文明具有突出的连续性、创新性、统一性、包容性、和平性，中华民族在修齐治平、尊时守位、知常达变、开物成务、建功立业过程中培育和形成的基本思想理念，如革故鼎新、与时俱进，脚踏实地、实事求是，惠民利民、安民富民，道法自然、天人合一的思想等，自强不息、敬业乐群、扶危济困、见义勇为、见利思义、孝老爱亲、尊师重教等中华传统美德，文以载道、以文化人，动静皆宜、中和泰和的理念等，都是中华优秀传统文化宝贵的精神财富，在当代仍然有着重要的价值和蓬勃的生命力，是中华民族现代文明建设的宝贵资源，对于不断增强人民的文化自觉、文化自信，为中华民族的伟大复兴凝聚共识、汇聚合力具有重要意义。

（三）文化"两创"为构建人类命运共同体、创造人类文明新形态提供了价值遵循和方法路径

习近平总书记提出"构建人类命运共同体"的构想，是对中华优秀传统文化中"天下大同"思想的创造性转化和创新性发展。中华优秀传统文化推崇协和万邦、亲仁善邻的对外相处准则，为中国成为世界和平的建设者、全球发展的贡献者、国际秩序的维护者提供了思想基础。当今世界在经济和科技取得巨大进步的同时，仍面临着贫富分化、种族冲突、民粹主义、贸易保护、孤立主义等一系列问题。中华优秀传统文化的创造性转化和创新性发展不仅致力于解决中国问题，而且着眼于人类的共存与发展，以构建人类命运共同体为指引，提出了一系列彰显中国立场、中国智慧、中国价值的理念、主张、方案。要发出中国声音，讲好中国故事，促进中华优秀传统文化创造性转化和创新性发展，进一步完善中华文化传播途径，把中国特色社会主义的成果通过适宜的传播方式展示给世界。要推进国际传播能力建设，展现真实、立体、全面的

⊙ 2023国际青年交流大会在济南开幕

中国，实现中华文化在对外传播上的创新性发展，打造中华文明与世界文明对话融会的新气象。

延伸阅读

文化自信是更基本、更深沉、更持久的力量

绵延几千年的中华文化，是中国特色哲学社会科学成长发展的深厚基础。我说过，站立在960万平方公里的广袤土地上，吸吮着中华民族漫长奋斗积累的文化养分，拥有13亿中国人民聚合的磅礴之力，我们走自己的路，具有无比广阔的舞台，具有无比深厚的历史底蕴，具有无比强大的前进定力，中国人民应该有这个信心，每一个中国人都应该有这个信心。我们说要坚定中国特色社会主义道路自信、理论自信、制度自信，说到底是要坚定文化自信。文化自信是更基本、更深沉、更持久的力量。历史和现实都表明，一个抛弃了或者背叛了自己历史文化的民族，不仅不可能发展起来，而且很可能上演一场历史悲剧。

——习近平：《在哲学社会科学工作座谈会上的讲话》，《人民日报》2016年5月19日。

四、山东文化"两创"的使命担当

对于山东来说，文化"两创"尤其具有特别重大的意义。2013年，习近平总书记视察山东并发出大力弘扬中华优秀传统文化的号召。贯彻落实习近平总书记重要指示要求，发挥人文沃土优势，传承中华优秀传统文化，山东有着义不容辞的责任，理应坚持守正创新，推进"两个结合"，打造文化"两创"新标杆，推出更多"两创"标志性成果，为中华民族文化传承和建设中华民族现代文明贡献山东力量。

（一）山东文化"两创"的人文沃土

山东省第十三届人民代表大会第七次会议审议通过的政府工作报告指出，经过多年接续奋斗，山东发展的基础更加坚实，九个方面比较优势十分突出：三次产业可以齐头并进，供需两端可以协同发力，新老动能可以相得益彰，各类企业可以比翼齐飞，陆海资源可以统筹开发，交通运输可以四通八达，城乡区域可以均衡发展，对外开放可以提档升级，人文沃土可以深度耕作。报告明确指出，山东不仅具有经济优势、区位优势，也具有鲜明的文化优势，有丰厚的人文沃土可供深耕细作。

山东是中华文明的重要发祥地和儒家思想的发源地，素称"孔孟之乡，礼仪之邦"。儒家文化是中国传统文化的主体，它所倡导的仁、义、礼、智、信构成了中华文化的核心道德范畴，对于中华民族的性格养成起到了决定性作用。

山东有着丰富而宝贵的文化资源，泰山在这里崛起，齐长城在这里横亘，黄河在这里入海，京杭大运河在这里穿流。山东历史文脉源远流长、圣贤名哲人才辈出、古籍典藏丰富厚重、遗存遗址广泛众多。距今约8000年的东夷文化、距今约6500年的大汶口文化以及距今约4500年的龙山文化是中华文明的重要组成部分。儒家文化、墨家文化、农家文化、兵家文化交相辉映。先秦诸子、两汉经学大师大半出自此地，世界上最早的官办智库和高等学府、战国时期百家学术争鸣的中心园地稷下学宫就诞生于此，有力地促成了天下学术争鸣局面的形成。诸葛亮、王羲之、贾

⊙ 稷下学宫遗址发掘现场

思勰、颜真卿、李清照、辛弃疾、蒲松龄等名士辈出足证齐鲁之邦的人杰地灵。中华优秀传统文化基因深深嵌入了山东人的骨髓，爱国、敬业、诚信、硬朗、厚道、好客成为山东人最引人瞩目的品格特质。

山东还是红色热土，具有丰富的革命文化遗产和资源。山东是最早建立党组织的省份之一，孕育形成了伟大的沂蒙精神。在中华民族伟大的抗日战争中，山东军民创建抗日根据地，广泛开展敌后游击战争，不怕牺牲，浴血奋战，谱写了英勇悲壮的历史篇章，涌现出以"沂蒙母亲"王换于、"沂蒙红嫂"明德英为代表的无数可歌可泣的英雄儿女，形成了"党群同心、军民情深、水乳交融、生死与共"的沂蒙精神。沂蒙精神被中央宣传部纳入中国共产党人精神谱系第一批伟大精神，是山东人民乃至全国人民的宝贵精神财富。2013年11月底，习近平总书记视察山东时指出："沂蒙精神与延安精神、井冈山精神、西柏坡精神一样，是党和国家的宝贵精神财富，要不断结合新的时代条件发扬光大。"在社会主义革命、建设和改革的伟大实践中，山东儿女大力弘扬沂蒙精神，奋勇争先，谱写出一曲曲感人的时代之歌。

党的十八大以来，习近平总书记多次视察山东并对传承弘扬中华优秀传统文化作出重要指示。2013年11月，习近平总书记在曲阜视察时强调，要以"古为今用、推陈出新"的态度大力弘扬中华优秀传统文化，对山东的文化传承发展工作寄予了深深的期许。2018年6月，习近平总书记视察山东时，要求加强国家重点文物保护，让优秀文物世代相传。2021年5月，习近平总书记给《文史哲》编辑部回信时，又一次强调"在新的时代条件下推动中华优秀传统文化创造性转化、创新性发展"，为新时代山东文化"两创"工作指明了方向，提供了根本遵循。

（二）打造文化"两创"新标杆

山东广大干部群众始终牢记习近平总书记的殷殷嘱托，深入学习贯彻落实习近平总书记关于弘扬中华优秀传统文化的重要论述和视察山东时作出的重要指示要求，始终把文化"两创"作为重大政治任务，自觉扛起责任，深耕人文沃土，着力当好中华优秀传统文化的守护者、传承者，当好"两创"的探路者、先行者。

强化制度引领，为文化"两创"保驾护航。着眼于"四个讲清楚"，以"走在前、开新局"的底气和魄力，发挥历史悠久、资源富集、人文荟萃的区域文化优势，深入实施《山东省传承发展中华优秀传统文化工作方案》《关于打造中华优秀传统文化"两创"新标杆行动计划（2022—2025年）》，在研究阐发、保护传承、精神文明建设、教育普及、实践养成、公共文化、文化产业、对外传播等方面，多策并举、数管齐下，形成了保护、传承和弘扬中华优秀传统文化的"山东范式"，走出了一条模式创新、特色鲜明、成效显著的"山东路径"。

重视基础研究，深化中华优秀传统文化研究阐发。山东系统整合国内外优质文化与学术资源，着力打造以儒家文化为重点，全国领先、全球闻名的学术平台，打造中华优秀传统文化"两创"研究新标杆。大力推动高等学校和科研院所建设打造全球儒学研究高地，形成了联系紧密、协同推进的儒家文化和齐鲁文化学术研究矩阵。深入实施"山东文脉"工程，组织编纂《齐鲁文库》，全力支持"两创"方面的课题研究，设立山东省中华优秀传统文化传承创新工程项目，推出了《儒典》等一大批标志性精品研究成果。在学术研究中贯通马克思主义之魂和中华优秀传统文化之根，做好"把马克思主义基本原理同中华优秀传统文化相结合"的文章，深化对马克思主义与中华优秀传统文化关系的研究，利用马克思主义的理论方法激活儒家思想中的优秀元素，并赋予其新的时代内涵，推动中华优秀传统文化研究向时代化方向发展。

重视文化传承，扎实推进文化遗产保护传承工作，形成文化遗产高质量保护传承的"山东路径"。非物质文化遗产保护传承成效显著，逐步形成非遗项目、传承人、传习所、生产性保护基地和生态保护区"五位一体"的非遗保护"山东模式";古籍保护传承工作扎实推进,全面实施"中华古籍保护计划",国家古籍保护中心中华优秀传统文化实践基地在曲阜挂牌,创建了国家古籍保护中心人才培训基地和省古籍修复中心,积极推进中华优秀传统文化资源数字化建设。

合理挖掘历史文化资源,着力探索空间展示及文旅融合高质量发展的新路径新模式。积极打造沿黄河、沿大运河、沿齐长城、沿黄渤海、沿胶济铁路线"四廊一线"文化体验廊道,以文塑旅、以旅彰文。辐射带动曲阜、淄潍、泰山、崂山昆嵛山及沂蒙、胶东、渤海、鲁西等八大特色文化片区,构建起"三大国家文化公园引领、一条文化交通线贯穿、四大文化体验廊道示范、八大文化片区支撑、全域文化'两创'和文旅融合高质量发展新格局"。积极探索文化活态传承新模式,"山东手造"工程连接历史与未来,统筹保护与发展,成为山东文化"两创"的重要突破点和文旅融合发展新的增长点。齐鲁大地深厚的历史文化底蕴加速转变为文化生产力,得天独厚的文化优势加速转化为产业优势、发展优势、竞争优势。

扎实推进美德山东和信用山东建设,创建全国文明城市。以完善公共文化服务体系为抓手,深入实施文化惠民工程,为人民群众提供更加充实、更为丰富的精神文化活动,全面提高基本公共文化服务的标准化、均等化和适用性,特色文博场馆体系建设取得突破,传统文化题材文艺精品力作频出,文化惠民成效持续提升。

重视培育新风,以文化"两创"涵养社会主义核心价值观。山东依托自身富集的文化资源优势,以融入日常生活为抓手,着眼以文化人、以文育人、成风化俗,将中华优秀传统文化落在精神文明建设上、落在人心上、落在行为习惯养成上,推动文化"两创"不断焕发新的活力。乡村(社区)儒学讲堂、孔子学堂等遍布齐鲁大地,干部政德教育领跑全国，优秀传统文化传承发展示范区建设卓有成效，新时代文明实践中心（所、站）实现"五有"标准全覆盖，畅通新时代文明实践"毛细血管"，典范型实践基地建设成效斐然。

聚焦文化交流，构建多元文明交流互鉴平台。山东省坚持"请进来"与"走出去"相结合的战略，重点围绕"一带一路"沿线、东亚文化圈等相关地区国家，依托"孔子故里"文化品牌优势，先后组织了一系列国际学术文化交流活动，尤其是"中国（曲阜）国际孔子文化节"和"尼山世界文明论坛"两大品牌，在国际上享有盛誉，为促进世界文明交流互鉴、构建人类命运共同体贡献了山东力量。

十年来，山东深耕人文沃土，践行文化"两创"，努力留住齐鲁文化的根和魂，再造文化产业新优势，讲好山东故事新篇章，打造文化"两创"齐鲁样板。在新时代新起点上，山东要进一步抓住机遇，齐心协力，开拓进取，在加快研究体系建设、提升文化空间展示效果、健全现代公共文化服务体系、促进产业融合发展等方面补短强优，为推进中华优秀传统文化创造性转化和创新性发展再立新功。

延伸阅读

山东省打造中华优秀传统文化"两创"新标杆的主要目标

到2025年，中华优秀传统文化"两创"先行区建设积厚成势，文化创造力、传播影响力、产业竞争力、宣传引导力走在全国前列，文化强省实力显著增强。打造形成文明交流互鉴新高地，使山东在研究阐释中华文明、促进世界文明对话中具有重要地位；打造形成文化活态传承新模式，使山东在焕发优秀传统文化时代风采上发挥引领作用；打造形成文旅融合发展新优势，使山东成为文创产业重要支撑地、国际著名文化旅游目的地；打造形成宣传舆论引导新格局，使山东成为宣传展示中华文明的重要窗口，"文化山东、'两创'高地"更具全国标识性、标杆性。

——《关于打造中华优秀传统文化"两创"新标杆行动计划（2022—2025年）》，中共山东省委办公厅、山东省人民政府办公厅2022年4月20日印发。

第二章　钩沉索隐鉴古今
——深化中华优秀传统文化研究阐发

山东历史文化底蕴深厚。党的十八大以来，习近平总书记高度重视文化传承发展，对山东文化建设寄予厚望。2013年11月，习近平总书记在视察山东时，发出大力弘扬中华优秀传统文化的号召。2021年5月，习近平总书记在给《文史哲》编辑部的回信中强调，"在新的时代条件下推动中华优秀传统文化创造性转化、创新性发展"。2023年10月，习近平总书记就宣传思想文化工作作出重要指示，再次强调要"推动中华优秀传统文化创造性转化和创新性发展"。加强对中华优秀传统文化的研究阐发，是贯彻落实习近平文化思想，推动中华优秀传统文化创造性转化、创新性发展的基础性工程。山东牢记习近平总书记嘱托，坚定文化自信，锚定"走在前、开新局"，充分挖掘人文沃土可以深度耕作的比较优势，深化传统文化研究阐释，为着力打造中华优秀传统文化"两创"新标杆提供理论基础和学术支撑。

近十年来，山东省把深化优秀传统文化研究阐发摆在重要位置，印发实施《山东省传承发展中华优秀传统文化工作方案》，明确构建"以儒学研究阐发为重点，以中华优秀传统文化优势学科建设为支撑，统筹推进文化典籍系统整理、思想意蕴阐释辨析、时代价值研究阐发与转化创新、协同创新体制机制建设为一体的研究阐发体系"，以挖掘呈现"山东文脉"为抓手，在深入挖掘整理编纂古籍、加强中华优秀传统文化研究阐发、推动研究阐释平台建设、加快文化人才培养引育等方面协同推进并取得丰硕成果，立起新时代"文化泰山"。

一、深入挖掘整理编纂古籍

中华典籍承载着中华民族的精神血脉。中华文明具有突出的连续性，是世界上唯一没有中断的文明，究其原因，与中华民族始终注重对典籍的整理编纂传承分不开。2022年4月25日，习近平总书记在中国人民大学考察调研时指出："深入挖掘古籍蕴含的哲学思想、人文精神、价值理念、道德规范，推动中华优秀传统文化创造性转化、创新性发展。"齐鲁文化源远流长，贤哲辈出，典籍丰富，截至2023年9月底，山东省各地收藏的古籍超12万部，近200万册，约占全国古籍总量的4%。近年来，山东深入挖掘整理以儒家文化为重点的传统文化典籍，从孔府档案到"全球汉籍合璧"再到"山东文脉"工程，山东古籍整理编纂取得重大成果，真正做到了让经典走近大众、深入人心。

> **延伸阅读**
>
> ### 山东省文化传承发展座谈会召开
>
> 2023年7月13日，山东省文化传承发展座谈会在济南举行。"文化'两创'如何更好破题？""马克思主义基本原理与中华优秀传统文化有机结合的落脚点在哪里？""在中华民族现代文明建设中山东应当贡献什么？"山东省委书记林武在讲话中强调，文化"两创"若想破题，"必须找准切入点和突
>
>
>
> ⊙ 山东省文化传承发展座谈会

破口，着力解决理解掌握不透、创新能力不强的问题，守正创新、推陈出新，更有效地推动中华优秀传统文化创造性转化、创新性发展"。要找到马克思主义基本原理与中华优秀传统文化有机结合的落脚点，"必须回到'实践'这个根本点上，在经济社会发展中实践文化、塑造文化、提炼文化，在实践中达到'知行合一'"。"必须在学懂弄通做实习近平新时代中国特色社会主义思想上下更大功夫，大力推进理论创新、制度创新、文化创新，努力为建设中华民族现代文明贡献山东力量。"

（一）完善顶层设计，构建古籍整理编纂的"四梁八柱"

顶层设计是推动事业发展的"先手棋"，通常以制定出台政策文件、发展规划为牵引，对全局工作进行总体设计。近年来，山东积极落实中共中央办公厅、国务院办公厅印发的《关于推进新时代古籍工作的意见》，坚持规划先行，根据发展实际，先后出台《山东省人民政府办公厅关于进一步加强古籍保护工作的意见》《山东省"十四五"时期古籍保护工作规划》等系列规章制度，明确了全省古籍保护的指导思想、基本方针、主要任务、总体规划和保障措施，为山东古籍整理保护指明了方向、重点、路径，激发了古籍事业发展的活力。

（二）聚焦齐鲁文化资源，实施"山东文脉"工程

山东是中华文化的发祥地之一，儒家文化、墨家文化、兵家文化等交相辉映。为大力弘扬中华优秀传统文化，2022年山东印发实施《关于打造中华优秀传统文化"两创"新标杆行动计划（2022—2025年）》，把编纂出版《齐鲁文库》作为"山东文脉"工程的重点任务，并将"加强'山东文脉'工程建设，组织编纂《齐鲁文库》"写入山东省第十二

次党代会报告，计划用10年时间全面研究、保护、辑录和整理出版山东历代传世文献，分典籍、研究、史志、人物、文物、文学艺术、山水、科技、红色文献九编，部分文献时间下限拟定1949年，逐步扩展至现代。全书规模约14亿字，6000册以上，是目前全国最宏大的，齐鲁文化最丰富、最完备的集大成之作。

延伸阅读

中华儒学经典著作集成《儒典》新书发布会暨大型文脉工程《齐鲁文库》启动仪式

2022年9月27日下午，在山东曲阜举办第八届尼山世界文明论坛期间，中华儒学经典著作集成《儒典》新书发布会暨大型文脉工程《齐鲁文库》启动仪

⊙ 中华儒学经典著作集成《儒典》新书发布会暨大型文脉工程《齐鲁文库》启动仪式

式在曲阜尼山讲堂举行。中宣部副部长张建春，山东省委副书记、省长周乃翔，山东省委常委、宣传部部长白玉刚出席并为《儒典》揭幕，启动《齐鲁文库》项目。《儒典》是《齐鲁文库》的开篇之作，是历代儒学传世文献系统性整理出版的最新成果，包括经解、义理、志传三个分典，共1816册、4789卷，集中体现儒学形成和发展的主脉络，是弘扬传承中华优秀传统文化的重大标志性成果，为弘扬、传承、研究儒学和儒家文化提供了系统、权威的文本，对赓续中华文脉、建设中华民族现代文明具有重大意义。

（三）持续推进"全球汉籍合璧工程"

中国古代文献典籍是中华优秀传统文化的载体，是无比珍贵的文化遗产。长期以来，大量汉籍流布于境外，其中不乏中国大陆缺藏的版本。为保存历史、见证文明，山东实施全球汉籍合璧工程、海外儒学文献回归工程及海外山东珍稀历代方志引进工程。目前已对亚洲、欧洲、北美洲、南美洲、非洲、大洋洲95个国家的1988家藏书机构进行了汉籍存藏调查，基本掌握了境外汉籍存藏情况。与1173家藏书机构建立了合作联系，达成420项合作协议或合作意向；已初步完成30万部境外汉籍的编目工作，从中遴选并复制回归稀缺汉籍1600余种，其中260种已出版，这项传承重大文化工程，被誉为当代"四库全书"。

> **延伸阅读**
>
> ### 全球汉籍合璧工程
>
> 全球汉籍合璧工程（简称"合璧工程"）的主要任务是对境外存藏的中华古籍资源进行调查摸底，并兼顾其他中华古文献信息收集；对境外存藏、境内缺失的中华古籍进行遴选，并以数字化、缩微复制、摄影扫描等多种方式实现再生性回引；加强对境外中华古籍的整理出版、学术研究，建立境外中华古籍目录等三大数据库，形成面向全社会的开放共享机制，实现工程成果面向全社会的公益使用和
>
>
> ⊙ 全球汉籍合璧工程部分成果展示

科学研究，向公众揭示中华古籍蕴含的深厚文化内涵。合璧工程以山东大学为实施的责任主体单位，于2013年11月提出，2017年正式启动实施。合璧工程主要包含四方面具体工作，即境外中华古籍调查编目和复制影印、境外中华古籍精华点校整理、汉籍与汉学研究、数据库建设，并根据任务设置学术团队及工作方案。

——山东大学国际汉学研究中心网站

（四）古籍数字化建设初见成效

数字化是古籍再生性保护的重要手段。"古籍数字化"是指利用现代信息技术对古籍文献进行加工处理，使其转化为电子数据形式，通过光盘、网络等介质保存和传播。近些年，山东编制《山东省古籍数字图书馆工程建设方案与建设标准》，建设山东省国家古籍珍本数据库、山东省古籍数字图书馆，制作古籍数字图像库，完成"山东省图书馆古籍珍本数据库""山东省古籍特色图书馆——易学古籍数据库""山东省图书

⊙ 2023青岛数字文化应用发展大会

馆佛经数据库"建设，完成"山东省图书馆藏永乐大藏经全文数据库"，免费为公众提供阅览服务。2023年4月7日在青岛举办的数字文化应用发展大会开幕式上，发布了《山东省文化数字化行动计划》，山东将依托有线电视网络设施和广电5G网络，建成山东文化专网，到2025年基本建成关联思想理论、文化旅游、新闻出版、影视文艺等领域，汇集文物、古籍、戏曲、非遗、农耕文明遗址等数据资源的山东文化数据库。

二、加强中华优秀传统文化研究阐发

理论研究是文化延续的有力保障。2023年6月2日，习近平总书记在文化传承发展座谈会上强调，要"做好中华文明起源的研究和阐释"。近些年来，山东以习近平总书记关于"两创""两个结合"的重要论述为指导，深入研究中华文明、中华文化、中华优秀传统文化的基本内涵、精神特质、发展形态、历史贡献、当代价值和世界意义等重大理论和实践问题，不断深化对习近平总书记有关文化自信重要论述的认识，遵循文化建设的基本规律，加速推动传统文化"两创"。

（一）以课题为抓手，推动中华优秀传统文化研究阐释

国家社会科学基金项目立项取得显著成绩。国家社会科学基金重大项目是现阶段我国哲学社会科学研究领域层次最高、资助力度最大、竞争性最强、最具权威性的项目，代表了该领域的国家最高水平。党的十八大以来，山东围绕中华优秀传统文化的丰富内涵、人文精神、价值理念、道德精髓等，加强中华优秀传统文化与马克思主义、中国特色社会主义、中国梦、社会主义核心价值体系等领域研究，承担实施国家社会科学基金重大委托项目、教育部哲学社会科学研究重大课题攻关招标项目等200余项。

面向海内外征集弘扬中华优秀传统文化研究项目。按照习近平总书记"四个讲清楚"要求，着眼于中华优秀传统文化的创造性转化、创新性发展，2015年1月山东在北京发布"中华优秀传统文化转化创新重大

理论研究"项目，围绕中华优秀传统文化与我国意识形态建设研究、中华优秀传统文化与中国特色社会主义道路选择及实践研究、中华传统文化思想内涵的时代价值辨析研究、中华优秀传统文化作为民族和国家软实力的突出优势研究、中华优秀传统文化与社会主义核心价值观研究等议题，面向全国公开征集研究项目。

在国家和省级层面推出中华优秀传统文化研究专项课题。为深入学习贯彻党的二十大精神，深入挖掘中华优秀传统文化的精神内涵、思想精华和时代价值，在山东省委、省政府和教育部的领导与支持下，2023年6月，尼山世界儒学中心、教育部社会科学司牵头联合发布关于中华优秀传统文化专项课题（A类），同时围绕泰山文化、黄河文化、运河文化、红色文化、海洋文化等地域文化，在省级层面设立"中华优秀传统文化转化创新重大理论研究"专项和"齐鲁文化走出去"研究专项。据不完全统计，党的十八大以来，山东省确立省级传统文化研究项目600余项。

（二）推出系列精品研究成果，擦亮山东研究阐释名片

深化理论宣传，在国家级报刊发表理论宣传文章。围绕习近平总书记关于文化传承发展的重要论述、"两个结合"、中国式现代化、人类命运共同体等主题，在《人民日报》《光明日报》《经济日报》和《求是》杂志等国家级报刊发表《把握儒家思想精髓弘扬优秀传统文化》《马克思主义与中华优秀传统文化的价值融通》《以"两创"方针为指导创造中华文化新辉煌》《从"四个讲清楚"看文化自信》《挖掘中华优秀传统文化的宝藏》等一系列高质量理论研究成果。

深化理论阐释，推出传统文化研究精品力作。党的十八大以来，山东牢固树立精品意识，围绕中华优秀传统文化在理论研究传播、社会治理、经济管理、政德教育、家风传承等方面开展研究，推出了一批代表山东水准、具有齐鲁风格的传统文化研究标识性成果。《中华传统文化弘扬与现代化发展研究》入选2019年国家哲学社会科学成果文库。推

出《子海珍本编》（大陆卷）、《子海珍本编》（台湾卷）、《子海珍本编》（日本卷）324册931种学术著作，等等。

深化研究合作，与中央媒体报刊联合推出传统文化研究阐释专栏。在《光明日报》理论版开设《四个讲清楚》专栏，围绕习近平新时代中国特色社会主义思想的传统文化根基、中华优秀传统文化的创造性转化和创新性发展、中华优秀传统文化与马克思主义中国化等主题刊发系列理论文章，形成了良好舆论氛围和强大引领效应。

（三）推出中华优秀传统文化系列通俗读物

推出传统文化通俗理论读物，让中华优秀传统文化走进人们的生活。深入挖掘中华优秀传统文化的时代价值，推出《自信的理由》《讲清楚"四个讲清楚"》《从传统到现代》《中国字 中国人》等一批普及中华优秀传统文化的系列通俗读物。其中，《中国字 中国人》入选2022年中宣部主题出版重

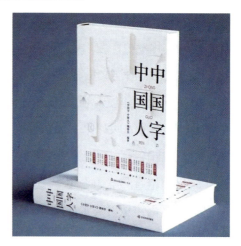
⊙《中国字 中国人》

点出版物选题，《自信的理由》入选2022年度国家出版基金资助项目。

延伸阅读

四个讲清楚

宣传阐释中国特色，要讲清楚每个国家和民族的历史传统、文化积淀、基本国情不同，其发展道路必然有着自己的特色；讲清楚中华文化积淀着中华民族最深沉的精神追求，是中华民族生生不

息、发展壮大的丰厚滋养；讲清楚中华优秀传统文化是中华民族的突出优势，是我们最深厚的文化软实力；讲清楚中国特色社会主义植根于中华文化沃土、反映中国人民意愿、适应中国和时代发展进步要求，有着深厚历史渊源和广泛现实基础。

——习近平在全国宣传思想工作会议上的讲话，2013 年 8 月 19 日至 20 日。

⊙《讲清楚"四个讲清楚"》

推出系列课本教辅，全面推进优秀传统文化进校园、进教材、进课堂。坚持以文化人、以文育人，开发建设中华优秀传统文化课程和教材体系，编纂出版大、中、小学生中华文化系列读本，推出《中华优秀传统文化》课程教科书，组织编写《中国传统文化读本》等，让青少年更好感受中华文化和中国精神的独特魅力。

三、推动研究阐释平台建设

科研平台是科研创新活动的重要依托。近些年来，山东坚持建强平台载体，强化学科体系建设，为中华优秀传统文化创造性转化、创新性发展提供智力支持和学理支撑。

（一）高起点、高质量建设山东省习近平新时代中国特色社会主义思想研究中心

习近平新时代中国特色社会主义思想，系统全面、博大精深，是当

代中国马克思主义、21世纪马克思主义，是中华文化和中国精神的时代精华，是推动中华优秀传统文化创造性转化、创新性发展的典范。推动传统文化研究阐释，必须坚持以习近平新时代中国特色社会主义思想为指导，经党中央批准，2021年山东成立山东省习近平新时代中国特色社会主义思想研究中心，省委主要负责同志挂帅，锚定"走在全国前列"的目标，着力打造理论人才聚集的高地、理论研究创新的高地、理论话语传播的高地、服务战略决策的高地，高起点、高质量建设发展研究中心。

强化课题项目引领，聚焦党的创新理论研究阐释，特别是中华优秀传统文化"两创"推出系列研究成果。充分发挥山东省社科规划项目、山东省重大理论与实践问题研究课题杠杆作用，坚持问题意识、创新意识和精品意识，设立"习近平新时代中国特色社会主义思想研究专项"，召开山东省习近平新时代中国特色社会主义思想研究中心年度工作会，探索推行科研项目"揭榜挂帅"制。山东省围绕习近平新时代中国特色社会主义思想体系化学理化研究，习近平总书记关于传承弘扬中华优秀传统文化的重要论述研究，中华优秀传统文化"两创"、"两个结合"重大理论问题、重大现实问题和重大实践经验总结研究，推出年度重点选题，着力推出代表国家水准的研究成果。

强化研究资源整合，构建"1+N"研究格局。充分发挥山东省习近平新时代中国特色社会主义思想研究中心"头雁"引领作用，整合全省特色资源和优势学科，设立39家山东省社科理论重点研究基地，同时作为山东省习近平新时代中国特色社会主义思想研究中心研究基地。加强与15个省重点马克思主义学院联系沟通，整合研究力量、协同攻关，集中推出研究成果。充分利用外脑外智，聘请中共中央党校（国家行政学院）、中国社会科学院、北京大学、山东大学、山东社会科学院等单位知名专家，担任学术委员会委员、特约研究员，为山东省习近平新时代中国特色社会主义思想研究中心建设规划、事业发展、科研成果评价推介、研究人才培养等提供咨询指导，推动形成"1+N"研究格局。

成立中华优秀传统文化"两创"研究中心。为深化文化"两创"重大理论与实践问题的研究阐释，打造文化"两创"研究新高地，2023年2月，山东成立中华优秀传统文化"两创"研究中心，作为山东省习近平新时代中国特色社会主义思想研究中心研究基地进行重点打造，同时聚焦山东文化"两创"实践学理化系统化梳理，成立中华优秀传统文化"两创"研究中心学术委员会，聘请国内知名专家担任学术委员会委员，壮大文化传承发展研究力量，在促进中华优秀传统文化"两创"上展现更大作为。

（二）深入推进尼山世界儒学中心内涵式发展

世界儒学看中国，中国儒学看山东。2019年8月，教育部和山东省以联合共建的方式，整合孔子研究院、孟子研究院、孔子博物馆以及中国孔子基金会等机构，在孔子诞生地山东曲阜成立全球儒学研究实体平台——尼山世界儒学中心，着力打造世界儒学研究高地、儒学人才集聚和培养高地、儒学普及推广高地、儒学国际交流传播高地，为服务新时代文化强省建设提供重要平台和智力支撑。

> **延伸阅读**
>
> ### 尼山世界儒学中心
>
> 2020年10月，中国孔子基金会秘书处整建制并入尼山世界儒学中心，设立尼山世界儒学中心（中国孔子基金会秘书处），作为尼山世界儒学中心理事会和中国孔子基金会常设办事机构，为省属正厅级公益一类事业单位，挂中国孔子基金会秘书处牌子，归口省委宣传部管理。孔子研究院、孔子博物馆、孟子研究

⊙ 尼山世界儒学中心成立会议

院划转尼山世界儒学中心管理，实行省市共建、以省为主的管理模式。按照"一个中心、多个分中心、若干研究基地"的"1+N"模式，依托国内外知名院校和科研机构建设若干分中心和研究基地。尼山世界儒学中心（中国孔子基金会秘书处）下设综合部、组织人事部（机关党委）、研究生部、学术研究部、传播普及部、国际交流部（尼山世界文明论坛工作部）、文献期刊部、基金管理部。

——尼山世界儒学中心网站

夯实顶层设计，高标准、高起点推进尼山世界儒学中心建设。为推动山东在落实"两个结合"、推动"两创"方面走在前，印发实施《尼山世界儒学中心儒学传承发展"十四五"规划》等指导性文件，把高质量建设尼山世界儒学中心作为中华优秀传统文化"两创"的创新实践，聚焦学术研究阐发和成果转化，着力打造"两创"新标杆，在目标任务、学术研究阐发、课题研究、传播普及、国际交流合作、人才队伍培养和建设等方面进行系统谋划，提升儒学研究与应用的社会服务能力和文化引领能力，更好构筑中国精神、中国价值、中国力量，助力推动新时代社会主义现代化强省建设。

创新成立尼山世界儒学中心联合研究生院。为培养能够传承中华

⊙ 2023年11月2日，尼山中华优秀传统文化联合研究生院学术委员会第一次会议在中国人民大学召开

优秀传统文化、担负时代重任的高水平人才，2020年11月，尼山世界儒学中心联合研究生院在山东曲阜尼山正式揭牌成立。联合研究生院由尼山世界儒学中心联合中共中央党校（国家行政学院）、中国社会科学院大学、北京大学、清华大学、中国人民大学、北京师范大学、复旦大学、山东大学等16所一流院校以共建共享的方式开展研究生教育，发挥山东传统文化资源优势，汇聚全国顶尖儒学研究力量，共同培养中华优秀传统文化（包括儒学）专项硕士博士。

成立尼山世界儒学中心分中心和研究基地。为全力打造具有全球主导力的儒学中心，扎实做好儒学研究阐发、交流互鉴，尼山世界儒学中心在海内外设立17家分中心，分中心包括国内分中心和海外分中心，国内分中心依托中国社会科学院大学、清华大学、复旦大学、山东大学等共建院校挂牌成立，海外分中心依托南非德班理工大学、波黑莫斯塔尔大学和泰国格乐大学建立。2023年，尼山世界儒学中心获批博士后科研工作站，首期计划与中共中央党校（国家行政学院）联合招收博士后，初步构建起"一个中心、多个分中心、若干研究基地"的协同创新发展格局。

⊙ 尼山世界儒学中心海外分中心揭牌仪式

（三）加强其他中华优秀传统文化研究机构和基地建设

立足文化资源优势，加强山东省社科理论重点研究基地建设。坚持特色定位，立足齐鲁文化资源优势和研究基础，以儒家文化、红色文化、齐鲁文化为重点，设立中华优秀传统文化"两创"研究基地、儒学研究基地、齐鲁文化研究基地、山东省齐文化研究基地等省社科理论重点研究基地，深入研究阐发优秀传统文化的丰富内涵和精髓。

充分利用资源禀赋，加强高校重点学术机构建设。齐鲁文化多姿多彩、底蕴厚重，儒家文化、运河文化、泰山文化等在全国具有独特性。近年来，山东各地院校纷纷成立相应研究机构，深入挖掘中华优秀传统文化蕴含的思想观念、人文精神、道德规范，山东大学儒学高等研究院、山东师范大学齐鲁文化研究院、曲阜师范大学孔子文化研究院和国学院、山东理工大学齐文化研究院、山东社会科学院国际儒学研究院等学术机构相继成立，形成了整体推进的战略态势，为推动文化强省建设凝聚了强大精神力量和有力道德支撑。

聚焦齐鲁地域文化，科研院所与地方政府联合成立研究机构。地方政府具有独特的文化资源优势，科研院所具有丰富的人才智力支持，两者深度合作，建立"以地方政府为主导，科研院所为基础"的文化保

⊙ 黄河文化研究院揭牌仪式

护、科研协同创新机制体制。2023年4月，山东社会科学院与东营市人民政府共同成立黄河文化研究院，联合开展课题研究，组织学术交流，共同打造黄河文化研究阐释新高地、交流互鉴新平台、转化发展新路径，为黄河文化创造性转化、创新性发展，推进文化自信自强、铸就中华文化新辉煌贡献智慧和力量。

（四）打造高端学术论坛品牌

依托高端平台设置议题，能够更好引领舆论，强化中国声音，进而形成文明对话高地。2019年3月15日，习近平总书记在中国共产党与世界政党高层对话会上的主旨讲话中强调："共同倡导加强国际人文交流合作，探讨构建全球文明对话合作网络，丰富交流内容，拓展合作渠道，促进各国人民相知相亲，共同推动人类文明发展进步。"近年来，山东不断提升尼山世界文明论坛层次能级，推动中华文化成为世界文明对话的重要力量。

打造文明交流互鉴高端平台。为深入阐释中华优秀传统文化在当代世界文明发展中的时代价值，增进当地民众对中华文明的认识和了解，2010年尼山世界文明论坛创办，围绕"和而不同与和谐世界""传统文化与生态文明""文明的相融与人类命运共同体"等时代主题，组织开展主旨演讲、分组对话、高端对话、高端访谈、驻华使节访谈等活动，为事关人类前途命运的重大问题，贡献了中国智慧、中国方案。

与中央媒体开展务实合作。深入推动中华优秀传统文化创造性转化、创新性发展，连续九年与光明日报社联合举办学习贯彻习近平总书记关于传承弘扬中华优秀传统文化的重要论述座谈会，努力把习近平总书记对山东工作的重要指示要求转化为新时代社会主义现代化强省建设的生动实践。2022年11月28日，由光明日报社、山东省委宣传部共同举办的"学习贯彻党的二十大精神深刻把握'两个结合'深入推进文化'两创'"座谈会在济南召开。

持续做强论坛系列品牌。围绕习近平总书记对山东工作的重要指示要求，围绕对中华优秀传统文化的提炼和阐释，以论坛交流对话研讨为抓手，策划举办黄河文化论坛、中韩儒学交流大会等论坛，让论坛成为世界读懂中国、了解山东的重要窗口，为凝心聚力推进中国式现代化建设提供理论支撑。

> **延伸阅读**
>
> ### 黄河文化论坛
>
> 2023年4月18日，黄河文化论坛在东营市开幕。全国人大常委会原副委员长吉炳轩讲话并宣布论坛开幕，山东省委书记林武致辞。本次论坛以"弘扬黄河文化 讲好黄河故事"为主题，包括开幕式、主旨演讲、学术研讨交流以及"黄河文化国际传

播""弘扬黄河文化与铸牢中华民族共同体意识"分论坛等活动，旨在深入学习贯彻习近平新时代中国特色社会主义思想和党的二十大精神，落实

⊙ 2023年4月18日，黄河文化论坛在东营市开幕

黄河流域生态保护和高质量发展重大国家战略，对深入挖掘黄河文化蕴含的丰富内涵、时代价值，凝心聚力推进中国式现代化建设实践具有重要意义。

四、加快文化人才培养引育

中华优秀传统文化的研究阐释取得成效，关键在人。习近平总书记强调："加强基础研究，归根结底要靠高水平人才。"立足丰厚的文化资源，山东全面贯彻习近平总书记关于做好新时代人才工作的重要论述，以高度的文化自觉和担当，倾力打造以儒学为代表的优秀传统文化学术研究人才培养高地。

（一）积极引进优秀传统文化研究高端人才

人才是传统文化传承发展的基础。近年来，山东先后颁布实施《山东省人才发展促进条例》《关于加强和改进新时代山东人才工作的实施意见》《关于加强新时代儒学人才高地建设的意见》，初步形成具有山东特色的传统文化人才制度体系。实施儒学大家、泰山学者、尼山学者等人才引进工程，面向海内外积极引进和集聚儒学研究等高端

人才，壮大研究队伍。加强高校传统文化相关专业人才培养，把优秀传统文化融入思政课教学体系，培养学生的人文底蕴和民族情怀。大力支持山东省图书馆、博物馆、文化馆、美术馆实施"大师引进工程"，因地制宜开展传统文化研究和传播普及活动，同时在挖掘儒学民间传承人才资源，推动文化记忆和精神融入现代生活方面作了大量有益探索。

（二）加大优秀传统文化人才培养力度

培养人才是传统文化"两创"的发展大计。近年来，山东深入实施齐鲁文化人才工程，加大优秀传统文化人才选拔培养、资助扶持力度，把优秀传统文化人才纳入省有突出贡献的中青年专家体系。赋予研究机构更多用人自主权，优化机构和岗位设置，提高人才队伍稳定性和梯队建设水平，实行多样化激励机制，营造传统文化研究人才发展的良好环境。加大中华优秀传统文化研究人才培养力度，吸引更多优秀青年人才投身于传统文化研究阐释事业。

（三）加强基层宣传文化队伍建设

中华优秀传统文化"两创"，要加强基层宣传文化队伍建设。近年来，山东深入挖掘儒学民间传承人才资源，重视民间匠人特别是非物质文化遗产项目代表性传承人传统技艺的挖掘、保护与传承，培育优秀传统文化民间普及推广人才。培养尼山书院和乡村儒学师资，打造儒学民间普及推广人才队伍。实施乡村儒学、城市社区儒学人才培养计划。探

⊙ 山东省基层公共文化人才示范性培训班

索通过设立特聘专家制、授予荣誉称号等方式，激发各类优秀文化人才扎根基层、服务基层的积极性创造性。

（四）健全人才"引育留"机制

念好文化"两创"人才经，归根到底，要健全机制引进人才、培育人才、留住人才。近年来，山东始终把牢党管人才"方向盘"，压实文化人才"一把手"抓"第一资源"责任，省、市、县三级党委全部设立人才工作领导小组，形成上下贯通、齐抓共管、统筹推进的工作局面。大力实施"人才兴鲁"战略，建立"顶层立事、树立靶向，以事找人、靶向引才，人随事走、保才做事，事成人就、人事通达"的宣传思想文化领域工作机制，保证文化传承各项事业高质量发展。持续擦亮"山东惠才卡"服务品牌，采取有针对性、个性化的人才引育方式，营造了引才、育才、留才的浓厚氛围，让贡献大的人才留得住，让留住的人才尽其才、得其用，实现了文化人才事业蓬勃发展。

第三章　古韵新颜展气象

——打造中华优秀传统文化空间展示新格局

"岱宗夫如何，齐鲁青未了。"历史的长河奔流至今，在这片古老而美丽的土地上，巍巍长城伫立千年，泱泱运河经久不息，与黄河、大海、胶济铁路交相辉映，展现了齐鲁文化辉煌灿烂的过去，也昭示着它蓬勃向上的未来。山东是中华文脉极具代表性、象征性的区域，立足于深厚的历史文化积淀和丰富的自然资源禀赋，抢抓重大战略机遇，深挖厚重文化资源，积极打造中华优秀传统文化空间展示新格局，推动文化资源优势转化为产业优势。

近年来，山东坚持规划引领、项目带动，大力推进黄河国家文化公园、大运河国家文化公园、长城国家文化公园建设，统筹实施沿黄河、沿大运河、沿齐长城、沿黄渤海四大文化体验廊道和沿胶济铁路文化体验线建设，贯通曲阜、淄潍、泰山、崂山昆嵛山四大传统文化传承创新片区和沂蒙、胶东、渤海、鲁西四大红色文化片区，加大文物和文化遗产保护力度，形成集中连片保护格局。全面激活文化传承发展新势能，形成三大国家公园引领、"四廊一线"示范、八大片区支撑的中华优秀传统文化空间展示新格局和文旅深度融合发展新模式，贡献了中华优秀传统文化空间展示的"齐鲁方案"。

一、三大国家文化公园引领

党的二十大报告对新时代文化建设作出了重要战略部署，明确提出："建好用好国家文化公园。"建设国家文化公园，是以习近平同志为核心的党中央作出的重大决策部署，是推动新时代文化繁荣发展的重大文化工程，对于增强中华民族的文化自信、彰显中华优秀传统文化的持久影响力意义重大，在实现中华民族伟大复兴进程中影响深远。

长城、黄河、大运河，都是中华民族独一无二的、承载着深层文化记忆的符号，建设黄河国家文化公园、大运河国家文化公园、齐长城国家文化公园，打造展现中华文明、增强文化认同的重要精神文化场域，不仅为传承、保护和发展中华文化提供优质的空间，也为文化和旅游深度融合提供全新的动能。

（一）黄河国家文化公园

黄河，中华民族的母亲河，中华文明的发祥地，流淌出中华文明最初的身形与气象。在华夏五千年文明史上，唯有黄河独享"河"之美名，被称为"百川之首"和"四渎之宗"。黄河流域有三千多年是全国政治、经济、文化中心，保留着丰富的文化文物遗存，更在根脉层面承载着中华民族的共同文化记忆和文化基因。万古江河，人文巨流。黄河

⊙ 黄河景观（丁洪安 拍摄）

百折不挠的磅礴气势塑造了中华民族自强不息的伟大品格，影响了一代又一代优秀的中华儿女，是中华民族坚定文化自信的重要根基。

九曲黄河东入海，润泽齐鲁万物生。2021年10月，习近平总书记专门来到山东东营黄河入海口考察，并在济南市主持召开深入推动黄河流域生态保护和高质量发展座谈会。习近平总书记强调："长江、黄河两条母亲河养育了中华民族，孕育了中华民族的民族精神。中华民族世世代代在长江、黄河流域繁衍发展，一直走到今天。新时代，我们要把保护治理母亲河这篇文章继续做好。"黄河文化是中华文明的重要组成部分，是中华民族的根和魂；它孕育了齐鲁文化，滋养了齐鲁大地，见证着中华优秀传统文化和山东人文精神的成长与繁荣。山东作为黄河文明的重要发祥地、黄河文化的重要承载地，也是黄河流域唯一具有陆海资源统筹的省份，有责任、有能力担负起弘扬黄河文化、讲好黄河故事的时代使命。建设黄河国家文化公园，是践行黄河重大国家战略的重要举措，是保护传承弘扬黄河文化的题中之义。作为黄河国家文化公园重点建设区，山东始终牢记习近平总书记嘱托，深入贯彻落实习近平总书记关于保护传承弘扬黄河文化的重要论述，努力发挥黄河入海口独特区位和黄河文化资源富集优势，加快推动黄河国家文化公园（山东段）建设，切实发挥山东在黄河国家文化公园建设中的龙头作用，力争在展示黄河文明、讲好黄河故事、推进黄河文化"两创"上走在前列。

强化顶层设计。编制形成《黄河国家文化公园（山东段）建设保护规划》，提出实施挖掘保护、研究阐发、环境配套、文旅融合、数字提升五大工程，建设管控保护、主题展示、文旅融合、传统利用四类主体功能分区，构建"一廊一带四区多点"的黄河国家文化公园（山东段）建设格局。山东省文化和旅游厅、山东黄河河务局签订合作协议，按照优势互补、合作共赢、共同发展的原则，合力推进黄河国家文化公园（山东段）主体功能区、主题展示区和风景道建设，持续加强黄河文化遗产活态保护传承，共同推进黄河文化创造性转化、创新性发展，将黄河国家文化公园（山东段）打造成彰显新时代文化自信、展示悠久黄河文化的靓丽名片。

讲好黄河故事。健全黄河文化素材库，将零星散落的黄河历代诗词歌赋、典籍文献、非遗等文化资源数据进行全面梳理、科学分类、在线展示，建立逻辑集中、全民共享的黄河文化数据公共平台。加强黄河文化专项研究，深刻把握黄河文化的内涵外延和历史脉络，挖掘阐发黄河精神的优良基因和时代价值，推出一批社会广泛认同的标志性研究成果，构建新时代山东黄河文化学术体系。推动黄河主题文艺创作，创作推出纪录片《大河之洲》、山东梆子《梦圆黄河滩》、以黄河滩区60万村民整体迁建民生工程为题材的现代吕剧《一号村台》、全国首档对黄河文化进行整体巡礼的综艺节目《黄河文化大会》等一批精品佳作，全方位、多层次讲好黄河故事，彰显黄河文化时代价值。

唱响黄河大合唱。山东沿黄九市各出"奇招"、协同发力，合力推进黄河国家文化公园（山东段）建设。济南举办沿黄九省（区）文旅高峰论坛、黄河流域沿线非物质文化遗产交流展示周等系列活动，讲好山东黄河故事；淄博发展黄河沿岸乡村旅游助力乡村振兴，宣传黄河国家文化公园（山东段）建设典型做法；东营形成"黄河入海 生态东营"城市口号，写好黄河"入海口"篇章；济宁打好"曲阜""梁山"两张牌，打造水泊梁山景区，水泊梁山景区成为黄河文化标志性旅游目的地；泰安加强文化保护传承，打造黄河文化彰显区；德州组织实施黄河、大运河国家文化公园（山东段）贯通工程，力推黄河、大运河"牵手"贯通；聊城深挖黄河文化遗产资源，推出"两河之约"系列文旅活动；滨州创作黄河艺术精品，组织开展中国滨州黄河文化艺术季活动；菏泽抓牢黄河文化旅游产业高质量发展，推动鲁豫黄河文化旅游协作区建设。聆听黄河文化的脉动，山东各地正用心、用情、用力唱好新时代黄河大合唱。

（二）大运河国家文化公园

大运河是世界上最古老的运河之一，始建于公元前486年，开凿至今已有2500多年，包括京杭大运河、隋唐大运河和浙东运河三部分，全长近3200公里，地跨北京、天津、河北、山东、江苏、浙江、河南和安徽8个省、直辖市，是世界上开凿时间较早、规模最大、线路最长、延续时间最久且目前仍在使用的人工运河，是中国古代创造的一项伟大工程，展现出我国劳动人民的伟大智慧和勇气，传承着中华民族的悠久历史和文明，是一部书写在华夏大地上的宏伟诗篇。

京杭大运河全长1794公里，在山东境内643公里，由北至南依次经过德州、聊城、泰安、济宁和枣庄5市，其中济宁更是拥有"运河之都"的美誉，与镇江、扬州并称运河四大名镇的南阳镇、夏镇均位于今天的济宁市微山县境内。大运河山东段占大运河全长的三分之一，且上承京津冀、下接长三角，千百年来一直是运河历史上的咽喉要道，在服务农耕需求、平衡南北资源、促进区域交流等方面发挥了重要作用，滋

⊙ 大运河景观

养了运河沿岸的深厚文脉，哺育了运河文化的根与魂。大运河文化的赓续灿烂源于运河的流动不息，更源于运河沿岸人民世代相守的文化传统、生存智慧与艺术创造。大运河山东段沿岸，处处都有丰厚的历史文化遗产，有"历史的彩虹"之称的德州窑红绿彩瓷器、中国戏曲四大古老剧种之一的柳子戏、修建故宫所用的临清贡砖、凝聚着儒家"饮食和德"文化底蕴的孔府菜、"十不闲"绝技的唯一传承人表演的泰山皮影……这些非物质文化遗产见证了运河两岸的社会变迁与文化演进，时至今日仍在代代相传。穿越千年的繁华，大运河滋养了深厚文脉，哺育了文化根魂，既是"流动"的历史，也是"鲜活"的文物。

2022年4月，山东省印发《大运河国家文化公园（山东段）建设保护规划》，按照"河为线、城为珠、线串珠、珠带面"的思路，围绕运河沿线五市，优化形成"一条文化主轴、四类功能区、五大特色片区"的大运河山东段国家文化公园总体功能布局。

重大工程强引领。为加快建成大运河国家文化公园（山东段），山东积极推进实施五项重大工程：一是保护传承工程，加强沿大运河非遗资源的开发利用，设计推出一批文创手造产品，振兴传统手工艺；二是研究发掘工程，加强大运河文化的研究阐释，推动开展国家社会科学基金项目"明清山东运河河政、河工与区域社会研究"，在山东省社科规划研究项目中增设"国家文化公园建设"专项课题，推出专著类成果，举办运河文化研讨会，深入研究运河山东段的历史地位、资源禀赋、人文底蕴和时代价值；三是环境配套工程，加大生态环境保护治理，维护人文自然风貌；四是文旅融合工程，丰富文旅产品供给，培育大运河沿线7个文化旅游"雁阵形"产业集群；五是数字再现工程，推进资源数字化、监管数字化、应用数字化。

重点项目作支撑。山东坚持把抓重点项目作为大运河国家文化公园（山东段）建设的重要支撑，统筹实施一批遗址遗迹保护项目、文博展示项目、非遗传承项目、活态体验项目，加快落实大运河微山湖博物馆建设、聊城中国运河文化博物馆改造提升等项目，全方位、多形式展现大运河文化特色。加强项目储备，推动13个大运河国家文化公园（山东段）建设项目列入国家"十四五"文化保护传承利用工程项目储备库。对入库项目及时跟踪，加大资金支持，做好服务保障。

文化资源激活力。山东着力统筹大运河沿线民俗文化资源，依托运河沿线骨干景区、特色古城、文化集镇、民俗村落、古街旧巷，串珠成线、连线成面，水上岸上互动，建设集自然观光、文化体验、科普研学、乡田野趣、体育休闲等功能于一体的运河文化旅游廊道，形成特色文化沉浸式体验游，打造富有齐鲁风情的运河文旅品牌和全国大运河国家文化公园建设样板。

（三）齐长城国家文化公园

长城，中华民族的象征，世界语境的中国符号，在华夏文明的时空坐标上，它横亘千年，绵延万里，融入中华文化血脉，铸就华夏民族之魂。而中国长城文化的源头，便是诞生在齐鲁这片土地上的齐长城。"遥连泰岱盘坤轴，横锁青齐到海门。"作为万里长城和中华文明的重要组成部分，齐长城始建于春秋时期，完成于战国时期，首开中国长城建筑史先河，是我国古代早期最宏伟的军事防御工程之一，迄今已有2600多年的历史，也是我国现存有准确遗迹可考、年代最早的长城，比秦长城早400多年，被誉为"长城之父"。

回望历史，2600余年的鼓角铮鸣、刀光剑影、车马骈阗、商贾穿行……它曾承载着军事防御的重任，齐侯"堑防门而守之广里"，"齐人焉始为长城于济"；也曾承载着商贸沟通的远大，姜太公"通商工之业，便鱼盐之利"，管仲"设轻重九府""官山海"，开启了中国商业文明的话语体系；它曾见证着文化融合的盛放，孔子适齐，韶乐缥缈，孟子、墨子、孙武、孙膑、荀子、邹衍等古圣先贤走过古道关门，成就了稷下学

⊙ 齐长城景观

宫、百家争鸣的繁盛。千里齐长城就像齐鲁大地的"脊梁",承载着齐
鲁文化的厚重底蕴;千年齐长城更似齐鲁文化的"守望者",见证着齐
鲁大地的历史变迁,绘就了齐鲁文化的丰富底色。山东高质量推进长城
国家文化公园(山东段)建设,让齐长城文化被看见、被记住、被传承。

保护优先,完善保护制度,守护历史遗产。在总结自身实践经验、
借鉴外省区市长城保护立法成果的基础上,2023年1月1日山东制定出
台《山东省齐长城保护条例》(以下简称《条例》)。作为文物保护法和
长城保护条例的配套法规、中华民族文化瑰宝的保护法规、文化建设领
域的重要法规,《条例》按照"保护第一,加强管理,挖掘价值,有效利
用,让文物活起来"的工作方针,科学协调齐长城保护与沿线区域生产、

建设活动之间的关系，为有效保护齐长城提供了更加完善的制度保障。

文化引领，鼓励学术研究，阐释长城价值。齐长城承载着齐文化的"文脉"，山东在坚持保护第一的同时兼顾以用促保，深入挖掘齐长城文化、景观和精神价值，突出活化传承、合理利用。鼓励科研机构、高等学校、社会组织和专家学者，开展齐长城相关专题研究和学术交流，传承中华优秀传统文化。鼓励社会力量设立齐长城博物馆、展览馆，展示齐长城和与齐长城有关的各类文物遗存的历史沿革、建造技艺和文化内涵。鼓励以齐长城为主题的文化产品开发和文艺作品创作，解读齐长城历史，阐释齐长城价值。

文旅融合，推广主题旅游，感受齐鲁文化。在山东省文化和旅游厅指导下，齐长城沿线济南、青岛、淄博、潍坊、泰安、日照、临沂市文化和旅游局发起成立"齐长城文化和旅游推广联盟"，秉承资源共享、市场共拓、品牌共创的原则，助力齐长城国家文化公园建设，合力将齐长城打造成国内外知名的文化旅游目的地品牌。策划打造一批齐长城与历史文化、非遗体验、红色旅游、乡村旅游、研学旅行等相融合的主题产品线路。摄制推出《齐长城》等专题人文纪录片，组织媒体专题采风，采用短视频、直播等新媒体传播方式，开展全方位、多层次、立体式宣传推广，共同讲好齐长城故事。围绕"发现齐长城"主题，举办各类徒步、打卡、自驾等系列活动，推进齐长城优质文化旅游资源一体化利用，加速文旅产业提档升级、提质增效，实现文化和旅游高质量融合发展。

延伸阅读

齐长城

齐长城始建于春秋时期，完成于战国时期，历时170多年筑成，迄今已有2600多年的历史，是中国现存有准确遗迹可考、保存状况较好、年代最早的古代长城，被誉为"长城之父"。齐长城在泰沂山脉地区蜿蜒而行，东至青岛西海岸，西起济南平阴县，经实地测量全长约618.893千米，蜿蜒起伏在1518座山峰上。1987年，齐长城被联合国教科文组织列入《世界文化遗产名录》。

二、"四廊一线"体验廊道示范

文化体验廊道是在文化遗产富集地区推动文化遗产集中连片保护和文化资源统筹开发利用的带状空间，具有推动文化保护传承、打造文旅品牌、实现乡村振兴、加强生态保护、促进区域协调发展等功能。习近平总书记在文化传承发展座谈会上指出："对文化建设来说，守正才能不迷失自我、不迷失方向，创新才能把握时代、引领时代。"山东省沿黄河、沿大运河、沿齐长城、沿黄渤海、沿胶济铁路线"四廊一线"文化体验廊道立足齐鲁大地丰厚资源，厚植齐鲁文化历史根脉，承载着灿烂文明，传承着历史文化，是齐鲁文化蜚声中外的主体轴线，是山东经济社会发展的历史记忆线，更是山东各项工作的守正创新线。站在新的历史起点上，山东深耕人文沃土，勇担历史使命，聚力推进文化"两创"，全面布局"四廊一线"文化体验廊道建设，开启了打造中华优秀传统文化"两创"先行示范区的新篇章。

（一）山东省文化体验廊道建设的重要意义与实施路径

建设文化体验廊道助力山东深度挖掘呈现中华优秀传统文化，打造文化"两创"新标杆。承载古今的黄河、通达南北的大运河、绵亘山海的齐长城、环绕千年的黄渤海，跨越万里的胶济铁路，"四廊一线"的五条文化轴线资源禀赋，各有特色，相互支撑，共同铸就了辉煌灿烂的齐鲁文化。中华文明和中华民族共同记忆，承载着中华民族的精神、基因和血脉，是发展中国特色社会主义文化的根基。齐鲁文脉的赓续与中华文脉的形成发展始终紧密相连、同向前行。作为中华文明的重要发祥地之一，山东历史文化底蕴深厚，革命文化波澜壮阔，民俗文化丰富多彩，社会主义先进文化精彩纷呈，文化体验廊道将山东优秀传统文化聚集起来，整合山东文旅资源，让世界感受中国的历史之美、文化之美、山河之美。

建设文化体验廊道助力区域协调发展，放大示范带动效应，打造乡村振兴齐鲁样板。文化体验廊道覆盖全省1200多个乡镇（街道）、5万多个村（社区），涉及7000多万人口，总体规模占到全省的70%以上。中国式现代化是共同富裕的现代化，文化的发展是以人民为中心的发展，文化成果的转化最终也要回归人民，最关键的还是要落到富民、惠民上，这也是文化体验廊道建设的初心所在。文化文物、传统民俗等大量文旅资源集中在乡村，是乡村振兴的独特优势。建设文化体验廊道，能够聚合各方面力量，培植乡村产业振兴新增长点，助力农民增收致富。同时培植乡村文化和旅游产业，打造文化自然融合的生态廊道和和美乡村，保护传承农耕文化、培育文明乡风，建设生态文明、美丽宜居新乡村，实现城乡之间、区域之间的良好互动、协调发展，构建全省全域文旅融合高质量发展新格局。

文化体验廊道建设，不仅要做好文化文物、非物质文化遗产、乡村记忆、生态环境、自然资源保护等工作，还要坚持文旅融合，突出文化体验，不断完善基础设施建设，突出交通先行、生态建设，更要发挥示范带动作用，建设乡村振兴齐鲁样板展示带、交通先行带动展示带、文化"两创"和美德山东信用山东建设展示带、文物考古研究保护利用和文旅深度融合高质量发展展示带等"十大展示带"，让文化传承与生态环境协调发展、相得益彰。

（二）黄河文化体验廊道

在山东，黄河与大海相遇，文脉与水脉相融。黄河是中华民族的母亲河，蕴含着中华民族的伟大品格，赓续着中华民族的精神血脉，积淀着中华民族同根同源的共同记忆，黄河文化是中华民族的根和魂，更是中华民族文化自信的重要源泉。党的十八大以来，习近平总书记始终心系黄河、牵挂沿岸发展，谋划、部署黄河重大国家战略。山东谨记殷殷嘱托，在推动文化"两创"方面聚焦发力，弘扬黄河文化、讲好黄河故事。行走在山东沿黄河流域，有"九曲黄河万里沙"制成的黄河澄泥印，有记载着千年龙山文化足迹的黑陶，有地域特点鲜明的吕剧传唱至今。黄河流经山东9个地市，现有世界遗产4处、国家历史文化名城6座、全国重点文物保护单位141处、国家级非物质文化遗产代表性项目118个，是我国黄河下游文化遗产聚集地。沿黄河文化体验廊道以县域为单位，以沿黄村落、集镇为单元，突出民俗文化，挖掘民俗资源，集聚全黄河流域特色，打造一批特色县城、文化集镇、民俗村落，让乡土情、民俗味成为山东沿黄地区的一道亮丽风景线。

⊙ 龙山黑陶

保护传承历史文化遗产。沿黄河文化体验廊道让黄河文化"活起来"，山东大力实施沿黄古城、古镇、古街区、古村落保护利用工程，加强文化遗产保护、深化黄河文化研究发掘、提升环境配套服务设施、促进黄河文化旅游融合、加强数字黄河智慧展现。同时加强对黄河文化的研究阐释，推动黄河主题文艺创作繁荣发展，向世界宣传黄河文化，讲好新时代黄河故事。

传承发展沿黄传统工艺。山东推动民俗和手造相结合，加强沿黄传统工艺类非物质文化遗产调查整理和保护传承，支持传统工艺产业培育、品牌推广和技术提升，打造草柳编织、纺织刺绣、剪纸内画等一批山东手造特色品牌。

建设沿黄河生态廊道。推动黄河流域生态保护和高质量发展走深走实，建设黄河国家文化公园，山东充分利用廊道特色，打造集民俗体验、农耕研学、自然观光等于一体的"沿着黄河遇见海"文化旅游品牌，让古老文明在齐鲁大地绽放时代华彩。

（三）大运河文化体验廊道

大运河纵贯三千里，跨越两千年，既是祖先留给我们的宝贵遗产，也是中华民族的文化象征之一。古老的运河滋养了齐鲁大地的万千气象，孕育了光辉灿烂的运河文化，形成了独特的鲁风运河。大运河山东段融南会北，历史上漕运发达、商贾云集，一批商埠重镇依河而生、因河而兴。大运河山东段有微山湖烟波浩渺、藕花飘香，有东昌木版年画、临清剪纸、运河渔鼓等非物质文化遗产，更有铁道游击队的故事在这片热土广为传颂，经久不衰。大运河山东段沿线拥有国家级重要历史文化资源85处、国家历史文化名城4座、全国重点文物保护单位74处，是全方位展示中华优秀传统文化的代表性区域。沿大运河文化体验廊道以大运

⊙ 临清剪纸

河山东段重点遗址遗迹保护项目、文博展示项目、非遗传承项目、活态体验项目为依托，全方位、多形式展现大运河文化特色。

研究阐释运河文化。大运河通达千里，融汇古今，记载着中华民族的奋楫笃行，铸就了中华民族奋斗不止、生生不息的精神。山东整合全省有关力量，成立聊城大学运河研究院、山东社会科学院临清运河研究院等研究机构，加强对大运河山东段历史地位、资源禀赋、人文底蕴和时代价值的研究，推出《历史视域下的大运河文化研究》专版系列文章等运河研究成果，为大运河山东段遗产遗迹的保护利用、运河文化的传承弘扬打下坚实的理论基础。

保护修复运河生态。大运河山东段铺展着中华大地的山河锦绣，沿线分布着多个传统村落，风光秀丽，景色宜人。沿大运河文化体验廊道致力于改善沿线生态环境和交通环境，激活民间文化资源，促进乡村文化繁荣，打造乡村振兴齐鲁样板。

发展特色文化旅游。大运河山东段连通着五湖四海的命运与共。百年前，作为交通枢纽，大运河山东段促进了中国南北文化的融合；现在，沿大运河文化体验廊道依托运河众多传统文化资源，突出运河文化风情体验，打造以"水上游 岸上行"为特色的"鲁风运河"文化旅游品牌和"学而时习""风近邹鲁"研学品牌，展示传统文化的源远流长、中华文明的博大精深，助力运河文化走向世界、中华优秀传统文化走向世界，为文明交流互鉴贡献智慧与力量。

（四）齐长城文化体验廊道

齐长城横亘于齐鲁大地，西起黄河，东至黄海，距今已2500余年，是我国现存有准确遗迹可考、年代最早的古代长城。诞生于海岱之间的齐文化，以其辉煌的历程和非凡的业绩，在中华文明史上绽放出璀璨夺目的文化之光，延续至今，仍气象浩然。齐长城代表了古代军事防御工程的杰出成就，彰显了中华民族坚韧自强、众志成城的精神气质，体现了齐鲁大地兼收并蓄、多元一体的文化特征和厚重绵延的历史脉动。沿着齐长城，走过"挽辔眺来处""茫茫积翠雾"的青阳关，走过"穆陵千嶂郁崔嵬，十二河山入望来"的穆陵关，走过公冶长与孟姜女的传奇故事，海岱齐风，巍然激荡。齐长城在山东境内绵延千里，跨越济南、淄博、潍坊、青岛等7个城市，沿线拥有遗址遗产260处、关联遗产185处、革命文物资源261处，承载着齐鲁文化的厚重底蕴，展现了中华文明的博大精深。沿齐长城文化体验廊道以沿线城市为重点，突出齐长城历史文化底蕴，打造集人文历史感悟、自然风光体验于一体的"齐风鲁韵"文化旅游品牌。

深挖齐长城文化内涵。齐长城是展示中华民族悠久历史、坚定文化自信的重要载体，是弘扬民族精神、展现爱国情怀的重要力量。齐长城遗址、关隘、城堡、兵营、烽火台、要塞、古村落等，与奇山、幽林、秀景交相汇融，构成了一道独具特色的齐鲁文化走廊。在这里，自然生态和人文景观诉说着古老而动人的传奇故事。这些传奇故事既具有浓厚的地域色彩，反映了当地百姓与齐长城血脉相连的关系，又成为齐长城历史文化信息的载体。

强化遗址遗迹展示。与其他类型的文化遗产相比，齐长城分布在狭长的区域，具有巨大的空间尺度，与其赖以存在的地理、生态、人文环境浑然一体。针对此特点，山东加强齐长城文化遗产保护，打造钜防之始、山川毓秀、关隘览胜、齐地探源、雄关祈福、莒地烽火、山海观城等七大主题展示段，加大文物保护与考古研究力度，分批分段实施本体保护项目和重要点段保护工程。推进齐文化传承创新示范区建设，实施齐国故城国家考古遗址公园、齐风胜境等项目。

发展特色研学体验游。依托古村落等打造一批乡村旅游特色村，让古老的齐长城焕发新的生机。沿齐长城文化体验廊道加强对齐长城文化和生态的保护，山东强调遗产文化、自然生态的双重保护，既要保护好齐长城沿线的物质文化遗产与非物质文化遗产，又要保护齐长城绝美的自然地质地貌与原生态景观风貌，打造长城文化保护传承弘扬高地。

（五）黄渤海文化体验廊道

山东拥有全国六分之一的大陆海岸线，黄海与渤海交汇于此，形成了多姿多彩的海滨景色，孕育了历史悠久的莱夷文化。环黄渤海地带是我国古代"海上丝绸之路"的重要发源地，在中国古代对外贸易及文化交流中发挥了重要作用，海防文化、开埠文化、渔猎文化、宗教文化、民俗文化特色鲜明，是山东的海疆历史文化廊道。在沿黄渤海文化体验廊道，人们可以在"海上第一名山"崂山感受传统文化的独特魅力；可以在蓬莱阁欣赏海天一色的蓬莱胜景，重温"八仙过海"的美丽传说。沿黄渤海文化体验廊道，重点是提升"仙境海岸"文化旅游品牌，打造世界著名海滨休闲度假旅游带。

传承保护海疆历史文化。黄渤海文化体验廊道积淀深厚，海洋生态文化、海上交通文化、海防军事文化、海洋艺术文化、海洋民俗文化源远流长，资源丰富。山东挖掘海上丝绸之路文化、开埠文化、海防文化、渔猎文化等资源，加强历史建筑保护利用，成立山东省水下考古研究中心，做好沿海海防设施的保护与展示工程，深入海疆历史文化研究，传承中国海疆治理文明，构建海洋命运共同体，让传统海疆文化在新时代展现强大生机活力。

加强海洋生态保护。山东加强海洋生态文明建设，守护海洋生态环境，打造中国最美海滨风景道，以路为景、以景引路，凸显山、海、城、岛、林共生共融滨海景观特色，保护和再造碧海蓝天、沙洁水净的人间美景。构建山东半岛海洋生态特色，以可持续的方式开发和利用海洋旅游资源，大力培育绿色、循环、低碳的海洋文化旅游产业，充分发挥海洋生态环境的经济效益，让海洋成为促进生产、提升国力、造福人民的宝贵财富。

丰富海洋文化展示体验。廊道以美丽海滨、生态海岛、游轮体验、海洋牧场、海上运动等为依托，加强传统工艺、特色文创等手造产品和海草房、山东秧歌等民俗文化展示体验，传承传统工艺，在保护中发展民俗文化，在发展中保护民俗文化。

（六）胶济铁路文化体验线

作为齐鲁大地上的第一条铁路，胶济铁路从1904年全线通车至今，见证了中国近代百年历史的变迁，铭刻了中华民族从百余年前的屈辱沉沦走向今天国家富强的苦难与辉煌。胶济铁路东起青岛，西至济南，连接淄博、潍坊，沿途风景名胜星罗棋布，文化遗产蔚为大观，是近代山东的经济生命线和文化生长线。沿着胶济铁路行经济南，坐落在老城区的胶济铁路博物馆与胶济铁路青岛博物馆遥相辉映，历史建筑和铁路文物记录了齐鲁大地的百年沧桑；行经淄博，火与土淬炼中的琉璃光彩闪烁，千年陶琉文化在泥火中涅槃重生；行经潍坊高密，500多年历史的扑灰年画画技独特，地方戏茂腔曲调质朴自然，聂家庄泥塑千姿百态、古雅拙朴，镶嵌在这片创造和传承文化奇迹的土地上，流向更广袤的文化深处；行经青岛即墨古城，千年名城历经沧桑见证风云变幻，古典建筑群落疏密有致，浓缩着中国文化的礼序乾坤。沿胶济铁路文化体验线以胶济铁路为轴线，突出红色文化、近现代工业文化、铁路文化，打造"行走百年胶济　高铁环游齐鲁"文化旅游品牌。

建设最美铁路风景线。大海边的老式站房、承载悠悠乡愁的古城、风姿绰约的泉群……沿着胶济铁路行走，一日看尽百年景，体会山东人文之美、生态之美、发展之美。山东充分利用好沿线自然景观，倡导绿色发展模式，加强沿线环境整治和绿化带建设，充分展现了山东经济社会高质量发展的成果成效。建立完善铁路站点与周边景区景点、遗迹遗址的交通网络，更好擦亮"好客山东　好品山东"招牌。

加强铁路文物保护利用。山东深化铁路历史文脉传承开发，充分发掘铁路文物文化内涵，科学有效进行保护利用，丰富文创产品供给和文化体验。以文博场馆建设为总牵，保护修缮胶济铁路沿线特色建筑群，不断扩大铁路文物保护利用成果，完成峄山、北关、泰山等老火车站德日建筑群修缮工作，完成胶济铁路坊子站区德日建筑群测绘修缮。打造铁路文物保护利用点，讲好历史故事、红色故事和先烈楷模故事。

发展胶济铁路特色文化旅游。丰富"高铁环游齐鲁"文化体验，山东加强胶济铁路"一站一景"建设，贯通沿线文化资源，打造高铁环游齐鲁精品线路，实施"山东手造""好品山东"进站上车工程，将文化体验线打造成文化展示新窗口、经济社会发展新引擎。

沿着历史的脉搏，山东省"四廊一线"文化体验廊道向现代世界展示着中华民族悠久的文化底蕴。通过深度挖掘呈现中华优秀传统文化，文化体验廊道树立了山东文化"两创"新标杆，充分激活了传统文化传承创新片区和红色文化片区，形成了国家文化公园引领、文化交通线贯穿、文化体验廊道示范、文化片区支撑、文化旅游深度融合的发展格局。文化体验廊道的建设必将传播弘扬中华优秀传统文化，奏响文化"两创"时代旋律，为经济社会全面发展、实现中华民族伟大复兴注入强劲能量。

延伸阅读

胶济铁路

胶济铁路是联结中国沿海与内陆的主要铁路干线之一，也是横贯山东的运输大动脉。胶济铁路自东向西共经过青岛市、潍坊市、淄博市、济南市四座城市，始建于1899年，是山东的第一条铁路，距今已有一百多年历史。

三、八大文化片区支撑

党的二十大报告中提出，"坚持以文塑旅、以旅彰文，推进文化和旅游深度融合发展"。沿黄河、沿大运河、沿齐长城、沿黄渤海、沿胶济铁路线"四廊一线"五条文化轴线，贯通着曲阜、淄潍、泰山、崂山昆嵛山四大传统文化传承创新片区，融通着沂蒙、胶东、渤海、鲁西四大红色文化片区。八大文化片区是山东省赓续中华文明，实现文化"两创"的创新之举。八大文化片区承担了对齐鲁文化创新展示、创新体验、创新传播的功能，又创造性地转化为山东文旅产业的新动能，让"好客山东 好品山东"叫得更响、擦得更亮。形成八大文化片区支撑格局，是山东作为文化强省的使命担当，是山东文化软实力的有力彰显，也是山东以文化"两创"绘就高质量发展新篇章的澎湃力量。

（一）曲阜传统文化传承创新片区

"千年礼乐归东鲁，万古衣冠拜素王。"自古以来，曲阜始终与孔子的名字紧密相连。孔子创立的儒家学说以及在此基础上发展起来的

⊙ 孔庙

儒家思想，铺染了中国人的生命底色，蕴含着中华儿女的价值信念与民族精神。时至今日，自律助人、谦和尚礼、孝老爱民的儒韵民风仍然在曲阜大地生生不息，成为这片土地最动人的底色。2013年11月，习近平总书记视察曲阜，作出"大力弘扬中华优秀传统文化"的重要指示，提出要"推动中华优秀传统文化创造性转化、创新性发展"。

多年来，曲阜优秀传统文化传承发展示范区牢记嘱托，不负深情厚望，深耕人文沃土，深挖文化"富矿"，依托特有的文化遗产资源和儒家文化内涵，探索打造100个优秀传统文化"两创"示范点。聚力推动研究阐发先行，推进儒家文化课题研究，建立完善儒学专门研究机构体系，实施儒学高端人才引进工程、儒家文献收集编纂工程和中华优秀传统文化题材文艺精品工程，健全完善研究、阐发、保护、传承机制；交流互鉴先行，高水平举办尼山世界文明论坛，构建儒家文化现代传播体系，打造世界文明交流、互鉴、交融高地；品牌打造先行，打造"孔孟之乡·首善之区"品牌；文化融入先行，推广"儒学讲堂"，将优秀传统文化融入生产生活；文旅融合先行，培育儒家文化产业聚集区。全力打造优秀传统文化"两创"示范样板，把儒家文化打造成"超级文化IP"，让厚重又时尚的文化气质在孔子故里溢满开来，让源远流长的中华优秀传统文化跨越时空焕发时代光彩。

（二）淄潍传统文化传承创新片区

"海岱惟青州，潍、淄其道。"淄博、潍坊位于山东中部地区，拥有丰厚的历史文化资源。淄博作为齐文化的发源地，在中华文明史上书写了波澜壮阔的一页。齐文化在千年发展中所创造出的尊贤尚功、奋发有为的创业精神，通权达变、与时俱进的改革精神，海纳百川、多元并包的兼容精神，"尊王攘夷"、维护统一的爱国精神，是中华民族主体精神和优秀传统的重要源头之一，积淀着中华民族最深沉的精神追求，是实现中华民族伟大复兴中国梦最深厚的文化软实力。淄博这片古老的土地上孕育了管仲、晏婴、孙武、蒲松龄等历史文化名人，诞生了中国第一所官办智库和大学——稷下学宫，取得了彪炳史册的文化成就，极大地推动了诸子学术的融合发展、创新传承。潍坊自古是东夷文化的核心区域，是两汉经学重镇、南北朝佛教文化的东方中心，在中华文明多元一体格局中占有重要地位。潍坊民间文艺历史悠久，源远流长。"潍坊风筝"是传统手工艺珍品，是潍坊走向世界的友谊使者；杨家埠木版年画是全国三大木版年画之一，在国内外享有盛誉；高密的扑灰年画、民间剪纸和泥塑，享有民间艺术"三绝"的美誉。淄潍地区保护传承历史文化遗产，加强沿线文化文物资源调查，与齐长城文化体验廊道、胶济铁路文化体验线相互支撑，加强遗产遗迹的保护利用，赋予传统文化以时代活力。

（三）泰山传统文化传承创新片区

"泰山岩岩，鲁邦所瞻。""五岳独尊"的泰山是世界首例世界文化与自然双遗产，被誉为"中华民族的精神家园"。泰山在中华文明的重要源起之地拔地通天，在时间长河的浸润中形成自然与文化的完美融合。数千年来，泰山伴随山川崇拜、封禅祭祀、民间信仰，逐渐形成了大气磅礴、底蕴深厚、内涵丰富的泰山文化。在漫长的历史演变中，泰山文化逐渐成为中华优秀传统文化不可或缺的重要组成部分，书写着中华民族自强不息的恢宏史诗，也传承着中华民族国泰民安的美好期盼，成为中华民族一直以来的普遍价值追求。

泰山历史文化遗产丰富，有文物藏品20000余件、具有历史和艺术价值的石刻6200余处。山东深入推进泰山文化传承发展，加强文物和文化遗产保护利用，让承载泰山文化的文物"活"起来。同时，挖掘泰山文化时代内涵、推进泰山文化研究，把泰山精神、"挑山工"精神、"石敢当"精神凝练出来、提升起来、弘扬开来，彰显泰山文化时代价值。加强泰山文旅产业深度融合，积极探索数字赋能文旅产业，让各类旅游资源串珠成链，打造全域旅游目的地。积极布局开发文旅康养、研学旅行、红色旅游、旅游演艺等新业态，利用好、传承好、保护好泰山文化资源，让泰山文化在新时代绽放出更加绚丽的光彩。

（四）崂山昆嵛山传统文化传承创新片区

"海角天涯名景胜，秦皇汉武屡敕封。"崂山以"山海奇观"独领我国名山之风骚，为我国18000公里大陆海岸线上最高峰，有着"海上第一名山"的美誉，其特殊的地理地貌环境，孕育了独具特色、享誉海内外的崂山文化。秦始皇东巡，入崂山访仙；郑玄讲经，于崂山授业……崂山文脉源远流长，丰厚的自然景观叠加多彩的历史遗产，承载着此地文化的洋洋大观——历史悠久、崇尚自然的道家文化，人文荟萃、文明璀璨的历史文化，淳朴厚重、豁达乐观的民俗文化，开放包容、与时俱进的时代文化。千百年来，山水风物、历史人文与民俗风情在这里汇聚融合，传承发展。

高水平建设崂山昆嵛山优秀传统文化传承发展区，既是践行总书记嘱托、党中央指示的重要担当，也是崂山区推动文化"两创"、增强文化软实力的重要机遇。崂山区系统梳理历史文化脉络，会同中国文化遗产研究院，高水平编制《崂山优秀传统文化传承发展区总体规划》，同时组织开展传统文化资源调查，建立文化资源数据库。激活传统文化价值，编纂出版《崂山文化研究丛书》，编配古曲《崂山道韵》，拍摄制作纪录片《大美崂山》《崂山传奇》；提升文化创造力，深入挖掘崂山山海文化、儒释道文化、农渔文化、祈福文化等传统文化，倾力打造"太平晓钟福道崂山"新年祈福文化品牌，建设崂山文化展示中心等一批特色文化展示区，推出传统文化、非遗文化进景区活动。全面做好崂山优秀传统文化的研究阐发、教育普及、遗产保护、文艺创作、宣传推广和交流互鉴等工作，讲好崂山故事、传播崂山声音、展示崂山形象，打造辐射胶东半岛、影响遍及全省全国的优秀传统文化创造性转化、创新性发展高地。

（五）沂蒙红色文化片区

逶迤八百里沂蒙，巍巍七十二崮。沂蒙大地历史悠久，文化灿烂，孕育了东夷文化、琅琊古郡的宏猷景象，涌现出宗圣曾子、兵圣孙武、书圣王羲之、智圣诸葛亮等鸿儒雄才。"最后一口粮当军粮，最后一块布做军装，最后一个儿子送战场。"在艰苦卓绝的抗日战争与解放战争年代，沂蒙人民在中国共产党的领导下，拥军支前、参军参战、不怕牺牲、前赴后继，谱写出感天动地的军民团结抗战诗篇。"党群同心、军民情深、水乳交融、生死与共"的沂蒙精神诞生于这片红色的热土，发展于齐鲁大地，成为中国共产党人精神谱系的重要组成部分。沂蒙精神深深根植于中华优秀传统文化的沃土之中，继承了中华民族百折不挠、艰苦奋斗、独立自主、自强不息的伟大精神，是在齐鲁文化与民族精神滋养下铸就的精神丰碑。

山东坚持以伟大建党精神为统领，传承弘扬沂蒙精神，用好红色资源，讲好红色故事，加强红色资源保护与开发利用，促进红色教育和文化旅游融合发展，打造沂蒙红色文化传承发展示范区，串联沂蒙老区战役战争遗址、革命历史遗迹、红色文化遗产、山水生态、地质奇观等旅游资源，打造"红色沂蒙"旅游交通廊道。同时，山东厚植底色，承古耀今，加强对沂蒙传统文化的保护传承，大力发展博物馆游、文物考古游、非遗体验游、研学游等新产品，以《这片热土》《福大妮和山杠子》等文艺精品创作彰显沂蒙精神内涵，彰显历史文化底蕴，讲好沂蒙故事，努力将其转化为新时代社会主义现代化强省建设的强大动力和生动实践。

（六）胶东红色文化片区

胶东是中国革命的红色摇篮之一。1937年，在中华民族面临生死存亡的危急关头，坚贞不屈的胶东儿女在中共胶东特委的领导下，以昆崮山红军游击队为骨干，组建山东人民抗日救国军第三军，发动了威震全国的天福山抗日武装起义，打响胶东抗战第一枪，开启了红色胶东时代。在这片红色热土上，走出了共和国四个集团军，诞生了红色经典《苦菜花》《地雷战》，马石山十勇士、胶东乳娘的故事代代相传……红色胶东作为一种历史现象和革命成果，在波澜壮阔的中国革命史上留下了浓墨重彩的篇章。

胶东各地积极融入山东省委、省政府建设胶东红色文化片区的总体布局，深度发掘当地红色基因，赓续红色血脉，传承红色精神，打造了一批有历史、有情怀的革命文化场馆和极具胶东特色、内容丰富生动的红色文化教学点，如烟台地雷战党性教育基地、战场泊村八路军胶东军区机关旧址，青岛刘谦初红色文化园、杨明斋事迹陈列馆，威海天福山起义纪念馆、郭永怀事迹陈列馆等，以实物、实景、实例、实事为载体，搭建党性教育大讲堂，以史育人，以文化人。举办"胶东红色基因传承的时代价值"研讨会、"胶东红色文化传承发展示范区建设中的青岛担当与作为"研讨会，深刻总结红色胶东现象背后的文化根源，深入探讨胶东根据地在中国革命胜利中的重要地位和重大意义、胶东红色文化传承与协同发展、红色文化资源开发与品牌打造。着力在凝聚胶东红色文化品牌和亮点研究上寻求突破，努力推出一批高水平的胶东红色文化精品力作，推动红色文化的保护挖掘与传承发展，赋予红色文化以时代内涵，建设革命精神高地，续写胶东红色文化的新篇章。

（七）渤海红色文化片区

渤海区于1944年由冀鲁边区和清河区合并而成，是山东最大的平原抗日根据地，是解放战争后期山东三大战略区之一。作为历史上重要的革命根据地，这片土地历经血与火的淬炼，富有光荣的革命传统，红色文化根基深厚。在滨州市惠民县，坐落着渤海革命老区机关旧址，以渤海革命史第一院落、渤海革命史第二院落、主题广场、英烈碑廊等六个展区，系统展现了在中国共产党的领导下，渤海子弟兵随军南征北战、渤海区人民拥军支前的光辉历程。革命历史将红色基因注入滨州的城市血脉，也赋予了滨州在渤海红色文化片区建设中的重要地位。

近年来，滨州坚持红色传承，制定渤海红色文化片区规划，编写《渤海红色文化片区故事读本》，打造一批渤海红色文化主题旅游线路，推动红色题材吕剧《烈烈渤海红》巡演；同时进一步擦亮"渤海革命老区"红色名片，成立渤海革命老区红色文化研究会，扎实开展渤海革命老区历史研究，努力将渤海革命老区打造成全国著名"红色文化"地标。在东营市垦利区永安镇，同样坐落着渤海垦区革命纪念馆，这里是抗日战争时期清河（后合并为渤海）战略区政治、军事、经济、文化的稳固后方，被誉为"鲁北小延安"。为发扬红色传统，传承革命精神，渤海垦区革命纪念馆相继开展了红色故事分享、小小讲解员活动，积极拓展辐射力和影响力，讲好红色革命故事，讲好新时代中国特色社会主义故事，打造红色文化教育"主阵地"。历史已经远去，但渤海革命老区依然生生不息，红色革命精神永远熠熠闪光，渤海红色文化片区将以发展红色文化为主线，凝聚起推进中国式现代化建设的磅礴力量。

（八）鲁西红色文化片区

鲁西地区的枣庄、济宁、菏泽、聊城是革命老区、红色热土，有着光荣的革命传统和深厚的革命历史，是冀鲁豫边区根据地的重要组成部分，是抗日战争和解放战争时期中国共产党领导的敌后根据地之一，也是抗日战争和解放战争时期全国最大的根据地之一。在抗日战争和解放战争时期，鲁西英雄儿女为祖国和人民献出宝贵的生命，奏响了一曲曲可歌可泣的英雄赞歌。《弹起我心爱的土琵琶》在这里奏响，铁道游击队的故事让微山湖名扬海外。在这里，刘邓大军强渡黄河，千里跃进大别山，恰似一把利剑插进国民党反动统治的"心脏"，是人民解放军战略反攻的一个大转折。山东做好红色资源的挖掘保护工作，深度挖掘革命、建设、改革等不同时期和新时代重大事件、重大成就、重要人物事迹，打造精品力作、精品景区和经典线路，加强红色文化教育基地建设，提升红色旅游融合发展水平，整合红色旅游资源。针对遗址破损、文物缺失、设施陈旧等问题，大力实施红色遗址、革命文物、名人故居、纪念场馆、展陈展览的修缮挖掘保护提升工程，做好革命文物保护利用工程，挖掘革命文物蕴含的巨大精神力量，进一步传承红色基因，赓续精神血脉，强化奋斗精神和爱国情怀。

海岱文脉，回响千年。无论是曲阜、淄潍、泰山、崂山昆嵛山四大传统文化传承创新片区还是沂蒙、胶东、渤海、鲁西四大红色文化片区，都是齐鲁大地流淌数千年的厚重文化长河中波澜壮阔的浪花，都是中华文明历史上光辉灿烂的一笔。深耕齐鲁人文沃土，释放文化"两创"力量，是山东应扛牢的大省担当。山东将继续聚焦打造文化"两创"新标杆，既对厚重文化进行回溯，又将时代与历史紧密结合，在建设八大文化片区支撑格局中展现新作为，充分彰显中华优秀传统文化所蕴含的新的时代意义。

延伸阅读

沂蒙精神

沂蒙精神是红色革命精神之一，是山东人民在长期的革命和建设实践中形成的先进群体意识，是中华民族优秀文化的重要组成部分。

2013年11月，习近平总书记视察山东时对沂蒙精神作了深刻论述和科学定位。他深情指出："军民水乳交融、生死与共铸

就的沂蒙精神，对我们今天抓党的建设仍然具有十分重要的启示作用。"他明确定位："沂蒙精神与延安精神、井冈山精神、西柏坡精神一样，是党和国家的宝贵精神财富，要不断结合新的时代条件发扬光大。"2022年5月28日山东省第十二次党代会发布了经过党中央批准的"党群同心、军民情深、水乳交融、生死与共"沂蒙精神内涵。

党的十八大以来，沂蒙精神得到了进一步发扬光大。沂蒙精神是中国共产党人精神谱系中的伟大精神之一，是党和国家宝贵的精神财富。

第四章　塑形铸魂育新风

——推动中华优秀传统文化涵养社会主义核心价值观

　　核心价值观承载着一个民族、一个国家的精神追求，在新的历史起点上继续推动文化繁荣、建设文化强国、建设中华民族现代文明，离不开社会主义核心价值观的培根铸魂。2023年10月，全国宣传思想文化工作会议召开，会上传达了习近平总书记对宣传思想文化工作作出的重要指示，强调"着力培育和践行社会主义核心价值观"的工作要求，为进一步做好宣传思想文化工作指明了方向。中华文化源远流长，积淀着中华民族最深层的精神追求，代表着中华民族独特的精神标识，为中华民族生生不息、发展壮大提供了丰厚的精神滋养。习近平总书记多次强调，培育和弘扬社会主义核心价值观必须立足中华优秀传统文化。

　　党的十八大以来，山东按照习近平总书记和党中央关于培育和弘扬社会主义核心价值观的重要指示要求，挖掘用好山东"人文沃土可以深度耕作"的比较优势，围绕文明培育、文明实践、文明创建、道德建设、乡村文化振兴等方面科学谋划、强化部署、试点推进、创新路径，扎实推动中华优秀传统文化涵养社会主义核心价值观，有效引领社会风气持续向好向优，切实提升广大人民群众的获得感、幸福感和归属感。

一、文明培育工作扎实推进

　　习近平总书记指出："国无德不兴，人无德不立。"中华民族历来重视修德立德，讲求"君子以厚德载物"，"道德当身，故不以物惑"，

"德不孤，必有邻"，"积善之家，必有余庆"等。我们党培育担当民族复兴重任的时代新人，特别强调"育人的根本在于立德"，把"德才兼备、以德为先"作为重要标准。近年来，山东深入贯彻落实习近平总书记关于推进中华优秀传统文化创造性转化、创新性发展的重要论述精神，坚持以社会主义核心价值观为引领，以建设新时代美德山东为目标，将中华优秀传统文化作为涵养社会主义核心价值观的重要源泉，聚焦个人生活、家庭生活、社交生活、消费生活、工作生活等方面，大力倡树新时代美德健康生活方式，擦亮"厚道齐鲁地，美德山东人"金字招牌。

（一）美德健康新生活引领新风

2023年癸卯兔年大年初一，孟子故里山东邹城的后八里沟村，因一张2200人的"全家福"而火爆全网。中央广播电视总台《新闻周刊》、中国新闻网、新华网山东频道、人民网山东频道、中国三农频道、《齐鲁晚报》等媒体都对这张人数庞大、其乐融融、年味浓郁的全家福进行了报道。我们一起走进这座"一村都姓宋"的后八里沟村，了解照片背后的故事，看一看家家户户中堂上悬挂着的《宋氏祖训》，听

⊙ 邹城后八里沟村2023年新春全家福

一听后八里沟人自创自唱的《孝德歌》，聊一聊村里制定的"养老公约"、设立的养老股等创新举措。后八里沟村落实中华优秀传统文化"两创"，以"孝善"聚民心，以"孝善"治村庄，以"孝善"促发展。后八里沟村只是山东乡村新风貌的一个缩影，伴随着新时代美德健康生活方式的春风，一幅孝亲敬老、诚信善良、文明幸福的美丽画卷正在齐鲁大地徐徐展开。

1. 加强顶层设计，构建工作新格局

2022年1月，山东省文明委印发《关于倡树新时代美德健康生活方式的实施方案》，全面部署相关工作，在乡村、社区、学校、机关、企业等重点领域，大力倡树新时代美德健康生活方式。2022年5月，山东省委办公厅印发《关于打造中华优秀传统文化"两创"新标杆行动计划（2022—2025年）》，明确提出倡树新时代美德健康生活方式，推动其与中华优秀传统文化"两创"有效融合。2022年11月，山东省文明委印发《关于统筹推进美德山东和信用山东建设的意见》《关于实施全环境立德树人 加强和改进未成年人思想道德建设的意见》等文件，融通美德与信用，为倡树新时代美德健康生活方式提供有力抓手，从顶层设计上构建了"贯通联动、齐抓共管、广泛参与"的工作格局。

2. 做好阐释解读，实现形态新转换

山东着眼建设新时代美德山东，立足传承弘扬中华优秀传统文化，推动社会主义核心价值观融入日常生活，提出在全社会倡树"自律助人、孝老爱亲、诚信利他、节俭绿色、共建共享"的新时代美德健康生活方式，推动价值观念从"理论形态"向"生活形态"转换。紧密结合群众日常生活最关切的美德健康话题，广泛开展宣传宣讲和业务培训，精心策划推出大众读本《如此生活》。发挥理论宣讲志愿服务作用，用好"习语润心""明理胡同""晨间微课""小板凳说事拉呱"等宣讲品牌，网上网下开办美德健康讲堂，把习近平总书记关于公民道德建设的重要论述，以快板、戏曲、情景剧、小品等形式展现，让群众听得懂、易理解、能践行。着眼于融入生活，建设美德街区、美德公园、美德基地等应用场景，山东重点打造了济南曲水亭街、曲阜鲁源新村"流淌的经典"等一批新时代美德健康生活方式展示点。着眼于移风易俗，开展"反对浪费、文明办事"移风易俗行动，大力整治高价彩礼、大操大办、恶俗婚闹等突出问题，广泛倡导婚、丧、寿、节等新礼仪，巩固良好社会风尚。

3. 抓好结合融入，完善治理新体系

山东抓好结合融入，创新实践方式，将新时代美德健康生活方式各项要求融入婚丧嫁娶、读书启蒙、成人升学、重要节日等节点，深化移风易俗。与文明实践相结合，突出倡树新时代美德健康生活方式主题，探索建立"政务服务＋文明实践＋社会组织＋商超企业"一站多点的新时代文明实践综合体，打造特色志愿服务品牌，帮助群众解决急难愁盼问题，弘扬敬老孝亲、睦邻友爱美德风尚。与文明创建相结合，将新时代美德健康生活方式融入文明城市、文明村镇、文明单位、文明家庭、文明校园创建全过程各环节，擦亮文明底色，厚植幸福成色。与社会治理相结合，发挥道德教化作用，制定美德和信用激励嘉许办法，完善美德积分制度，地方通过设立"美德基金""美德超市""爱心商家联盟"等措施，对美德信用先进家庭、个人和单位提供金融、政策、荣誉等多方面支持，让无形的美德积分转化为有形的礼遇收获，推动完善自治、法治、德治相结合的基层社会治理体系。

4. 丰富实践载体，唤起群众新意识

山东充分挖掘齐鲁文化中蕴含的道德理念和人文精神，将美德健康元素有机融入各类生活场景。在公共空间设计上呈现新时代美德健康生活方式主题，丰富剪纸、陶塑、绘画、诗歌等应用场景，通过户外牌匾、建筑围挡、公交站牌（亭）等，常态化制作刊播主题公益广告，让新时代美德健康生活方式融入日常、化作经常。鼓励引导企业商家，在

产品包装、创意设计等方面更多融入新时代美德健康生活方式全链条，进一步加强新时代美德健康生活方式与群众衣食住行之间的关联，润物无声唤起群众的美德健康意识。

5. 坚持示范带动，引领社会新风尚

山东紧盯关键群体，引导党员干部从自身做起、从家庭成员做起，带头宣讲、带头示范、带头倡树新时代美德健康生活方式，示范带动更多群众由旁观者转变为参与者、推广者和践行者。加强典型选树，优化道德模范、山东好人、文明市民、齐鲁诚信之星、最美家庭、最美志愿者等各级各类先进典型选树机制。在多形式、多层次、多维度展示朱彦夫、许振超、李振华、连钢创新团队等先进典型的崇高品德和感人事迹的同时，发掘群众身边的"平民英雄""凡人善举"。探索设立文明实践家庭站和模范工作室，倡导结成邻里互助对子，常态化开展家风建设沙龙、孝老爱亲分享会、绿色节俭妙招竞赛等活动，用身边人讲身边事，用身边事感召身边人，推动形成崇德向善的良好风气。提升关爱礼遇，通过邀请各类先进典型参加表彰会、座谈会、传统节日主题活动，联合景区、景点减免门票等措施，树立"德者有得、好人好报"鲜明导向。抓好先行先试，确定一批县（市、区）、乡村、社区、学校和机关单位进行试点，通过经费支持、通报表扬等方式，鼓励创新探索，形成可复制可推广的工作经验，发挥示范带动作用。

近年来，山东聚焦倡树新时代美德健康生活方式，深化试点、创新实践，突出抓好"宣传倡导、教育引导、实践养成、典型带动、融合推进"，形成了一系列典型做法和先进经验，践行美德健康新生活在城乡基层逐步推开、落地见效，进一步拓展了推进中华优秀传统文化"两创"的实践路径，丰富了培育和践行社会主义核心价值观的有效载体，凝聚了服务中心大局的工作力量，改善了基层社会治理状态，新时代美德健康生活方式已经深入人心并成为指引日常行为规范的新标准。

（二）统筹推进美德山东和信用山东建设

诚信是山东地域文化的精神内核，是齐鲁风骨中最鲜明的品格特质。山东诚信文化传统重视言行一致和身体力行，强调在著书立说、传道授业、教育子女、与人交往、齐家治国等方面践履诚信，在史书上留下了许多脍炙人口的诚信故事和传说，如"孟母买肉啖子""曾子杀彘""尾生抱柱""鸡黍之约""晏子家有老妻""齐桓公失地得诚信""齐桓公五十里换信义""管鲍之交"等等。山东历史上留下了许多与诚信相关的遗址遗迹、商家店铺、工厂厂房等，如山东金乡"二贤祠""无脊庙"，新泰东都镇南鲍村"管鲍分金台""鲍叔牙墓"，嘉祥"曾子庙"等。这些传统诚信文化遗存代表着一种诚信符号、一种诚信象征体系，蕴含着一定的诚信信息，凝聚着有关诚信的价值观念、道德祈求和社会理想。

党的二十大报告从战略全局高度，对"推进文化自信自强，铸就社会主义文化新辉煌"作出重大部署，特别强调要广泛践行社会主义核心价值观，提高全社会文明程度。山东省第十二次党代会和中共山东省委十二届二次全体会议强调，构筑道德文明新高地、推进新时代美德山

⊙ 统筹推进美德山东和信用山东建设现场推进会召开

东建设。山东各地围绕目标任务抓紧抓实，落到基层、落到群众、落到人心，在美德建设和信用建设方面进行了很好的探索，积累了有益的经验。山东省委宣传部、省文明办会同省发展改革委共同制定了《关于统筹推进美德山东和信用山东建设的意见》，省文明办与省社会信用体系建设领导小组办公室联合印发《统筹推进美德山东和信用山东建设工作协调机制》，通过统筹美德山东和信用山东建设，为我省构筑道德文明新高地、塑造新时代山东形象、加强新时代美德建设提供了有力抓手。

1. 推动美德和信用融入日常生活

山东不断深化社会主义核心价值观主题宣传教育，推进社会主义核心价值观入心入法入规。持续加强理想信念教育，深入开展学习贯彻习近平新时代中国特色社会主义思想主题教育活动，坚持不懈用习近平新时代中国特色社会主义思想凝心铸魂，使党的创新理论转化为坚定理想、锤炼党性和指导实践、推动工作的强大力量，在以学铸魂、以学增智、以学正风、以学促干方面取得实效。建立完善思想政治工作体系，推进大中小学思想政治教育一体化建设，将诚信作为美德建设的基础，突出对党和国家的忠诚、对事业的守诚、与人交往的真诚，积极培育新时代诚信文化。深入挖掘中华优秀传统文化、革命文化和社会主义先进文化中所蕴含的诚信价值理念，系统开展中华印信文化专题研究，成功举办首届中华印信文化精品展。实施信满齐鲁行动，开展诚信建设万里行活动，加大诚信街区、诚信企业、诚信市场、诚信商户、诚信个人建设力度，发布"齐鲁诚信之星"。强化典型选树带动作用，在全省范围内确定了34个县（市、区）作为美德山东和信用山东建设试点县（市、区），先行先试，率先突破，先进经验在全省推广。发挥新时代文明实践中心（所、站）作用，建立完善志愿服务和工作体系，深入开展"五为"文明实践志愿服务活动。

2. 深入实施美德和信用"五进"工程

近年来,山东将基层实践作为统筹推进美德山东和信用山东建设的落脚点,面向个人、家庭和社会基本单元,条块结合,深入开展"五进"行动。一是进机关单位。发挥党政机关、事业单位表率作用,深化文明单位、模范机关创建,积极培育诚信美德机关文化。突出政务诚信、司法公信,健全守信践诺机制,把诚信建设纳入公职人员和党员干部纪律建设,建立公职人员信用档案。二是进农村社区。发挥村庄社区道德评议会、红白理事会、村(居)民议事会等组织作用,把倡树新时代美德健康生活方式等纳入村规民约、市民公约。村庄突出移风易俗,推行婚、丧、寿、节等新礼仪。社区突出邻里互助,培育社区之家文化,动员人们走出小家融入大家。特别是在农村和城镇社区,通过美德信用建设强化基层治理,形成基层治理共同体。三是进学校家庭。以实施全环境立德树人为牵引,深化教育评价改革,把以德立校、以德立师、以德立生作为学校教育教学的基础和前提,突出以德立家,引导家长和长辈身行示范,增强立德树人的自觉和能力,形成家校联合共育的良好局面。四是进企业行业。建立完善诚信商户、企业、行业建设评价体系,完善企业信用记录和职工社会信用档案,鼓励行业协会商会发布行业诚信信用倡议。引导企业建立内部奖励与员工信用评价挂钩机制,实化商业信用、员工信用建设,把守信履约情况作为日常管理、年度考评的重要依据。五是进网络空间。加强网络诚信等美德和正能量传播体系建设,积极培育健康向上的网络文化。深化落实网络实名制,建立完善网络行为规范,严厉打击网上造谣诈骗等违法行为。加强互联网行业自律,强化互联网企业主体责任,建立完善内部诚信规范和管理机制,推动形成良好网络生态。

3. 完善美德和信用评价应用机制

完善的社会信用体系是供需有效衔接的重要保障,是资源优化配置的坚实基础,是良好营商环境的重要组成部分。近年来,山东省不断完善社会信用制度体系，积极推进诚信理念、诚信制度与经济社会各方面深度融合，通过数据共享释放制度红利，用信用监管创新现代治理，营造"守信受益、信用有价"的浓厚氛围。2020年5月，山东省公共信用信息数据清单、公共信用信息应用清单、联合奖惩措施清单正式出台。2020年9月，正式上线"山东互联网联合辟谣平台"，在网络诚信建设领域打开了新局面。2020年10月，《山东省社会信用条例》正式施行，标志着山东省社会信用建设法规体系进一步完善。2021年7月，《山东省"十四五"社会信用体系建设规划》印发，推动实现公民统一社会信用代码全覆盖。截至2023年7月底，山东省公共信用信息平台累计归集信用数据155.8亿条，居全国前三，覆盖全省1400多万市场主体，为市场监管、社会治理和公共服务提供了强有力的信息支持。同时，深入推进守信联合激励和失信联合惩戒工作，信用中国（山东）官网共公示全省行政许可和行政处罚信息3594.3万条，公示全国信用"红黑名单"信息359.9万条，全省已有109.2万失信被执行人履行义务后被移出失信名单，失信被执行人呈现逐年递减的趋势。在融资服务方面，山东建设中小微企业融资综合信用服务平台山东省级节点，已接入23个融资信用服务平台，共入驻金融机构2841家、企业353万家，2023年以来发放贷款1076亿元。在信用惠企便民方面，山东深化拓展多元化信用应用场景，推进美德信用融入基层社会治理，大力实施"信易+"工程，广泛推行"美德超市""暖心食堂"等应用场景，对守信主体在餐饮旅游、医疗卫生、交通出行、物品租赁、融资贷款等多个方面进行激励，增强人民群众在社会信用体系建设中的参与感、获得感和幸福感。

4. 强化美德和信用建设支持保障

山东注重发挥山东省习近平新时代中国特色社会主义思想研究中心的作用，深入开展新时代公民道德建设重大理论和实践研究，推出了系列化精品研究成果。加强中华文明精神标识和文化精髓研究，深入阐释新时代美德健康生活方式的丰富内涵和实践要求。组建专题宣讲队，经常性开展对象化、分众化、互动化宣讲。利用新时代文明实践中心、县级融媒体中心等基层阵地，广泛开展群众喜闻乐见的主题实践活动，策划推出《新时代美德山东》专题专栏。扎实做好公民道德宣传日、消费者权益日、诚信兴商宣传月等节点的集中宣传，加强诚信美德主题情景小剧、公益广告、文艺作品的创作生产和展演展播。注重选树具有鲜明诚信底色的先进典型，支持基层开展各具特色的美德信用评选活动，推出了一批自律助人、孝老爱亲、诚信利他、节俭绿色、共建共享等身边榜样。不断加强基层实践经验的总结宣传，培育形成诚信文化品牌，如济宁形成了彬彬有礼道德城市曲阜、"运河之都·仁义任城"、"爱满泉乡"泗水、端信兖州、孝贤鱼台、德润微山、"德耀古中都·上善新汶上"、诚信金乡、"厚道齐鲁地·忠义梁山人"等一批思想内涵深厚、具有济宁地域特色的道德建设品牌。重磅推出"诚信齐鲁"区域公共品牌，夯实朴实、厚道、重情、守信的山东品牌形象。

2023年7月，济南、青岛、烟台、潍坊、济宁、威海、德州以及荣成、新泰九市成为全国社会信用体系建设示范城市，山东省数量居全国第二位；在省级社会信用体系建设典型城市创建中，全省已有39个县（市、区）获得"社会信用体系建设典型城市"称号。根据信用中国网站最新公布的2023年第5期排名，济南、青岛在"全国城市信用指数"中分别位列36个省会及副省级以上城市第三名和第十一名，烟台、威海、淄博位列261个地级市的前10名，泰安、枣庄位列前30名。

延伸阅读

曲阜尼山镇"儒乡幸福超市"

曲阜市尼山镇创新工作思路，在镇内鲁源东村、鲁源西村、夫子洞村、官庄村、颜母庄村、东魏村六个试点村建立"儒乡幸福超市"，通过规范"幸福超市"管理、充实"幸福超市"内容、激发"幸福超市"活力，探索可复制的"信用+

⊙ 儒乡幸福超市

乡村治理"新模式，让信用有分值更有价值，促使乡村治理再上新台阶。

健全组织制度，规范"儒乡幸福超市"管理。加强组织领导，成立由镇党委书记任组长，分管领导、相关部门负责人、各试点村党支部书记为成员的工作领导小组，细化分解任务目标，责任到人，一体推进尼山镇"儒乡幸福超市"建设和后期管理运行等工作。健全制度管理，根据六个试点村的实际情况，由镇领导小组牵头，各村因地制宜地制定了"儒乡幸福超市"工作方案和管理办法，研究制定《尼山镇"信用积分"管理细则》《尼山镇"儒乡幸福超市"积分兑换制度》等相关制度，明确积分项目、兑换标准、兑换办法、兑换流程等，保障正常运转。

志愿服务积分，充实"儒乡幸福超市"内容。将村民参与村庄治理和参加志愿服务活动等情况作为"信用积分制"管理基本内容，以村民参与志愿服务活动的时长为切入点进行赋分，鼓励村民通过参加志愿服务活动获取积分。充分发挥党员、网格员、志愿者的作用，深入田间地头、农户家中宣传"儒乡幸福超市"积分兑换工作，了解群众诉求，灵活调整"儒乡幸福超市"的服务项目，促进管理更加完善。深化"信用超市"与基层社会治理有效融合，引导"最美志愿者""诚信经营户""美丽庭院"等系列评选和创建工作与"儒乡幸福超市"有机结合，充分调动村民参与村容村貌整治、村级事务管理等志愿服务活动的积极性和主动性，有效化解村级治理"微"难题。

信用积分换物，激发"儒乡幸福超市"活力。各试点村为村民开设"积分存折"，按照积分兑换制度，村民可将累计的积分按照标准折抵为现金，在"儒乡幸福超市"兑换洗衣皂、酱油、雨伞等等价生活必需品，让村民享受到"信用"带来的"红利"。不定期征求群众意见，根据群众意愿及时更新或补给超市内物品，使"儒乡幸福超市"成为着力破解"群众发动难、队伍组建难、事务管理难"的重要抓手。

二、文明实践工作惠及群众

山东认真学习贯彻落实党的二十大精神和习近平总书记关于精神文明建设的重要论述，按照中宣部、中央文明办拓展新时代文明实践中心建设的部署要求，着力探索资源整合到位、体制机制健全到位、服务群众精准到位"三到位"的山东路径，创新探索新时代文明实践"五有、五为、五聚"工作模式，推动实现资源整合到位、体制机制健全到位、服务群众精准到位，有效推动新时代文明实践落在基层、惠及群众。

（一）建强用好新时代文明实践中心

在山东，新时代文明实践中心有个统一的标识——蒲公英。2018年6月，山东成为全国新时代文明实践中心建设首批试点省份。五年以来，山东省紧紧围绕建设新时代文明实践中心的工作总要求，聚焦铸魂

⊙ 淄博江西道村"畔耕驿站"常态化开展文明实践活动

育人，坚持守正创新，整合资源力量，创新志愿服务，着力破解基层宣传思想工作"做什么、谁来做、怎样做"的问题，打通了宣传群众、教育群众、关心群众、服务群众的"最后一公里"。

1. 强化顶层设计，完善工作布局

山东制定印发《关于深化拓展新时代文明实践中心建设的实施方案》，细化实化21条"五有"建设标准，推动我省新时代文明实践中心建设向质效覆盖提档升级。一是高位推动。将深化拓展新时代文明实践工作写入山东省第十二次党代会报告，列入省委常委会工作要点，与推动高质量发展、实施乡村振兴战略、落实意识形态工作责任制等一体化推进。全省宣传部长会议、省文明委全体会议、全省文明办主任会议作出部署安排，明确深化拓展新时代文明实践中心建设的工作思路和重点任务。16市均成立以市委书记为组长的文明实践工作领导小组，各县（市、区）由"一把手"担任新时代文明实践中心主任，制定市、县重点项目清单和县、乡、村三级书记重点任务清单，推动各县（市、区）

全面落实主体责任。二是整合资源。建立结对共建、挂点联系帮包工作制度，省委宣传部部务会成员、省直宣传文化部门、省文明委成员单位、省级文明单位（校园）分工帮包全省136个县（市、区），每季度开展调研督导。组织27家省直部门单位制定2023年志愿服务工作任务清单，助力新时代文明实践中心（所、站）建设，实现资源下沉。依托山东青年政治学院建立山东省志愿服务研究基地、山东省新时代文明实践志愿服务研究培训中心，深入开展文明实践志愿服务理论研究、项目孵化、专业培训、展示交流。三是落实保障。加大新时代文明实践中心资金支持和统筹力度，以中央文明实践经费为引导，省、市两级财政配套支持经费近2亿元，鼓励各地引导社会力量设立文明实践基金。制定出台《山东省志愿服务激励嘉许办法（试行）》，创新提出为优秀志愿者及其在异地的亲属提供志愿服务。四是健全机制。建立常态化督导机制，将新时代文明实践中心建设纳入各级高质量发展综合绩效考核、党政领导班子和领导干部推进乡村振兴战略实绩考核、意识形态工作责任制落实情况监督检查以及群众性精神文明创建标准。省、市、县三级部门联席会议制度全部建设到位，建立文明实践工作通报制度和约谈机制，坚持每月督导调度各市工作推进情况，点评通报亮点做法和存在问题，确保工作常态长效。五是开展评估检查。采取第三方测评方式，已对全省136个文明实践中心、635个文明实践所、1462个文明实践站进行实地调查，细化梳理存在问题，及时反馈各地整改落实。

2. 夯实工作基础，提升建设标准

山东通过强化阵地建设、队伍建设和提升专业水平，不断夯实工作基础，提升建设标准。一是建强阵地。在实现全省文明实践中心（所、站）全覆盖基础上，进一步延伸阵地建设。以爱国主义教育基地、公益性文化设施、窗口单位等为重点，建设文明实践基地5000余个，文明实践公园、广场33000余个，以党员干部、"五老人员"、乡贤能人、星级文明户等先进典型家庭为中心户，拓展建设文明实践家庭站93000余个。二是建实队伍。省、市、县全部成立文明实践指导（服务）中心，共配备专职工作人员1400余人。建立"521"专管员机制，按照每个文明实践中心至少5名专职工作人员、每个文明实践所至少2名、每个文明实践站至少1名专管员的标准，依托山东省城乡公益性岗位扩容提质行动，各地配备文明实践所专管员3600余人、文明实践站专管员60000余人。三是提升专业化水平。制定系列培训工作方案，对三级书记、文明实践专管员、骨干志愿服务组织负责人开展培训。制定《关于推行"社会工作+志愿服务"工作模式的实施方案》，推动社会工作站纳入新时代文明实践阵地建设，推动志愿者培训纳入社会工作培训计划，提高文明实践志愿服务的专业程度，2022年全省共开展各级各类培训2000余场次，覆盖40余万人。

3. 深化志愿服务，提升运营效能

山东着力在"统起来""沉下去""活起来"上下功夫，不断推动文明实践志愿服务精准化、常态化、便利化、品牌化。一是发挥山东省新时代文明实践志愿服务总队龙头作用。山东省新时代文明实践志愿服务总队17支专业队制定工作规划和项目计划，对接走进新时代文明实践中心，全覆盖帮助基层组织统筹协调和策划实施文明实践志愿服务活动，带动指导市、县两级志愿服务专业分队开展活动。山东省社科联组织成立各级新时代文明实践社科普及队伍161支，社科普及志愿者达到33332人。山东省新时代文明实践文艺志愿服务队带领11支省级、165支市级、800多支县级文艺志愿服务队，积极开展"文艺进万家 健康你我他"文艺志愿服务，为基层群众提供丰富多彩的精神食粮。累计开展线下线上文艺志愿服务活动2000余场，惠及群众3000多万人。二是强化县级新时代文明实践中心的统筹落实责任。推动县级新时代文明实践中心健全志愿服务指导协调机构，统筹各方面、各领域志愿服务力量，推动工作落地落实。截至目前，全省县级志愿服务总队全部成立，由县（市、区）党政主要负责同志担任总队长，依托新时代文明实践所、站分别建立5支、3支以上志愿服务队伍。全省建立文明实践志愿服务队伍20余万支，构建起纵横贯通、供需有效对接的文明实践志愿服务体系。三是切实发挥基层群众的主体作用。各级新时代文明实践中心（所、站）健全群众参与机制，优化有效供给机制，鼓励和引导社会志愿服务组织以及乡土专家、民间艺人、"五老人员"等有文化、懂技术、有专长的热心人士组建群众身边的志愿服务队伍，充分发挥基层群众志愿者的主体作用，开展多种形式、便于参与、丰富多彩的志愿服务活动，涌现出了"明理胡同""大槐树下""庄户学院""幸福食堂""孝老爱亲饺子宴"等一大批文明实践志愿服务品牌。

4. 汇集"五聚"合力，推进活动落实

山东注重做好"讲、评、帮、乐、庆"文章，以群众喜闻乐见的形式推进电影、图书、表演、宣讲、人气向新时代文明实践中心（所、站）聚集，将新时代文明实践中心（所、站）打造成群众最爱去的宣传文化阵地和志愿服务综合体。一是以宣讲凝心铸魂。抓好首要任务，围绕学习宣传贯彻党的二十大精神主题主线，组建党员干部、基层党组织书记、先模巾帼等8个宣讲团，广泛开展"党的声音进万家"理论宣讲志愿服务，打造"习语润心""明理胡同""知新话""蒲公英夜校"等一系列宣讲品牌，通过身边人讲身边事，让百姓听得懂、有认同、愿参与、真点赞。二是以评议带动引领。实施第二届新时代文明实践"十百千"典型培育推广行动，推出示范中心（所、站）1200余个，总结推出一批经验做法，通过编发工作案例，开展项目交流、现场观摩、成果展示、全媒体宣传等方式积极推广。大力弘扬社会主义核心价值观，持续开展道德模范、身边好人、最美家庭、好婆婆好媳妇等评选活动，弘扬正能量，传播新风尚。推广文明实践积分制，新时代文明实践中心（所、站）普遍设立文明实践银行、积分兑换点，激发群众参与文明实践的热情。三是以服务暖心助人。通过干部联户、志愿服务等形式帮助群众化解矛盾、解决问题，形成邻里互助、患难相恤的社会风尚。青岛市"为爱朗读"、日照市"厚德八帮"、滨州市"十送"志愿服务等活动成为帮助群众解决急难愁盼问题的有效途径。四是以文化乐民聚气。开展丰富多彩的文化惠民活动，发挥群众文化活动基础优势、革命历史文化资源优势、本土志愿服务队伍优势，开展形式多样、群众喜爱的文化活动，"黄河大集"、聊城市"一个剧场唱全县"、德州市"文化先行官"等活动成为群众歌唱新时代、乐享新生活的广阔舞台。五是以礼庆寄情润心。依托重大节日、重要节点，结合"我们的节日"主题活动，举行读书启蒙礼、参军礼、新婚礼等节庆礼，开展丰富多彩的民俗文化活动，如淄博市"凤驿花开"集体婚礼、济宁市"百姓儒学节"、菏泽市"孝善敬老饺子宴"等，进一步增强群众的仪式感、荣誉感、幸福感。

（二）精准开展志愿服务活动

山东省深入学习贯彻习近平总书记关于学雷锋志愿服务的重要指示批示精神，贯彻落实中央文明委、中央文明办部署要求，坚持以培育和践行社会主义核心价值观为根本，加强统筹规划，抓牢关键环节，扎实推进志愿服务制度化常态化建设，各项工作取得新进展新成效。截至2023年4月底，我省注册志愿者2260万余人，注册志愿服务组织24万余个，组织实施志愿服务项目304万余个，志愿服务时长达5.7亿小时。新华社《国内动态清样》刊发山东建设"五为"志愿服务矩阵助力基层和谐稳定典型经验。《半月谈》以《温暖五群体，志愿服务"精准滴灌"》为题，报道山东"五为"志愿服务工作推进情况。

1. 健全志愿服务领导体制机制

山东注重发挥"组织起来"的政治优势和制度优势，充分发挥党委政府在志愿服务工作中的引领推动作用。一是领导体制工作机制逐步健全。目前，已建立省、市、县三级文明委统一领导、文明办牵头协调、有关部门各负其责、全社会共同参与的志愿服务领导体制和工作机制，志愿服务指标纳入精神文明创建工作测评体系，形成覆盖全省城乡的志愿服务推进格局。成立由15个省直部门组成的省志愿服务工作协调小组，发挥统筹协调、指导督促的职责。结合省级事业单位改革，设立省志愿服务指导中心，指导16市、136个县（市、区）组建新时代文明实践志愿服务指导（服务）中心，统筹推进辖区志愿服务工作。二是统筹协调作用逐步凸显。在省级层面，重点发挥省文明委成员单位、省志愿服务工作协调小组成员单位及省新时代文明实践志愿服务总队17支专业队的作用，整合资源力量，广泛开展志愿服务活动。联合27家省直部门单位签订《2023年省直有关部门单位志愿服务工作任务清单》，明确165项任务，推进优质资源下沉基层，形成志愿服务高质量发展工作合力。三是政策支持保障进一步加强。研究出台《山东省志愿服务条例》《山东省志愿服务激励嘉许办法》，不断提升志愿服务制度化水平。研究制定《关于推行"社会工作+志愿服务"工作模式的实施方案》，形成"社工引领志愿服务，志愿服务助推社会工作"的互动局面。积极推动各地采取政府购买服务、设立孵化基地等形式，加大对志愿服务组织的扶持力度，济南、青岛、潍坊建成志愿服务学院等综合性培训机构。四是数字平台支撑不断强化。开发运行山东省新时代文明实践志愿服务信息平台，实现宣传教育、志愿服务、智慧管理、指挥调度一体化运行，为推动志愿服务精准、高效、优质发展提供数字化支撑。探索志愿信用积分模式，为志愿者在异地的父母、子女积极提供精准有效的志愿服务。

2. 加强志愿服务队伍、项目、阵地建设

山东推动志愿服务提质增效，必须解决好"谁来做""怎么做""在哪里做"这三个关键性问题。一是建立立体、多元的志愿服务队伍体系。在做大做强各级新时代文明实践志愿服务队伍的同时，面向各级党政机关、企事业单位大力发展党员志愿服务组织，鼓励和支持成立以教师、医生、律师、退伍军人、社会工作者为主体的专业志愿服务队，全省志愿服务队伍迅速发展壮大，涌现出一大批优秀志愿者和优秀志愿服务组织。泉城义工、威海长城大本营、临沂孤困儿童心理辅导志愿者服务团、蓝天救援队等已成为在全国有较大影响的志愿服务团队。

二是发挥志愿服务品牌项目牵引示范作用。坚持以群众需求为导向，制定《关于深化"五为"文明实践志愿服务的实施方案》，16市同步启动"五为"文明实践志愿服务活动，发布"五为"重点项目1万余个，持续深化为老、为小、为困难群体、为需要心理疏导和情感慰藉群体、为社会公共需要"五为"文明实践志愿服务。聚焦"一老一小一困"，细化制定项目指南，策划开展28类155项志愿服务，聚力打造"十助常陪四解"为老暖心服务、"五育三保"为小爱心服务和"五扶四送"为困舒心服务品牌。针对现代生活压力、家庭关系调处、青少年健康成长、疫情社会心理冲击等问题，广泛开展心理疏导和情感抚慰志愿服务，全省常态化开设65条心理服务热线，1000余位专家参与热线志愿服务，涌现出"幸福护航""瑞阳心语"等品牌项目。围绕黄河流域生态保护和高质量发展、乡村振兴等重大战略，开展生态环保、科技文化普及等志愿服务，打造"点亮一颗星 护佑母

⊙ "儒润邹城·善立方"志愿服务品牌开展社区活动

亲河""农技讲堂"等一批志愿服务品牌，志愿服务领域不断拓展。

三是着力扩大志愿服务阵地覆盖面。把志愿服务阵地建设纳入文明城市、文明村镇、文明单位、文明校园创建，依托各级新时代文明实践中心（所、站），以城乡社区、公共场所、窗口单位为重点，推动志愿服务进医院、进车站、进商场、进景区，结合社区、高校志愿服务中心建设，推动公共文化设施志愿服务阵地广覆盖，构建点多面广、功能完备的"15分钟服务圈"，让"有时间做志愿者、有困难找志愿者"成为现实。

3. 大力营造志愿服务浓厚氛围

山东广泛普及志愿知识、志愿文化，大力弘扬志愿精神，在全社会形成我为人人、人人为我的良好风尚。一是广泛进行志愿服务先进典型选树活动。发挥各类志愿服务先进典型的榜样示范作用，自2015年开始，每年组织开展宣传推选学雷锋志愿服务"四个100"先进典型活动，我省共推选全国先进典型108个、全省先进典型2799个，有2人入选全国疫情防控最美志愿者。二是深入开展志愿服务宣传。结合学雷锋纪念日、国际志愿者日以及重大志愿服务活动等重要时间节点，组织各类媒体大力宣传各类志愿服务先进典型，广泛宣传志愿服务工作经验，大力弘扬志愿精神，引导人们在奉献爱心、服务社会中感悟认同社会主流思想价值，推动社会主义核心价值观深入人心、落地生根。三是加强对重点领域、重点群体的志愿精神教育。利用社区文化中心、村文化大院等基层宣传阵地，利用公益广告、宣传栏等形式，加大对志愿服务知识的宣传，普及志愿文化，提高人们对志愿服务的认知度和参与度。把志愿服务作为青少年思想道德建设的重要内容，不断提高青少年志愿服务意识和能力，引导更多的人在"帮助他人、收获快乐"中感受志愿服务的精神和魅力。

三、群众性精神文明创建深入开展

进入新时代，山东准确把握广大群众的价值需求、发展需求，着眼全面、全域、全民、全程创建，把文明城市创建作为各级"一把手"工程来抓，以文明城市创建为龙头，牵引推动文明村镇、文明单位、文明校园、文明家庭等群众性精神文明创建活动提质增效，形成了多层次、全方位开展精神文明创建活动的格局，积累了关注民生、共建共享、完善机制、科学管理，评优选先、典型引路等宝贵经验，培育了文明、和谐、向上的良好社会风尚，为现代化强省建设提供了有力的思想保证、精神动力和道德支撑。

（一）提升文明城市建设水平，典范创建树标杆

山东省深入贯彻以人民为中心的发展思想，切实把文明创建工作落细落小落实，以创建文明社区、文明小区、文明行业为主要载体，紧紧围绕创优美环境、优良秩序、优质服务、做文明市民开展系统性创建工程，不断完善城市功能、提升城市品质，让广大市民群众更有获得感、幸福感、安全感。

一是全域创建格局持续巩固。着眼构建科学完备的文明城市创建工作体系，形成了全国文明城市示范带动、高标推进，提名城市加压奋进、全力争创，其他城市对标先进、全面发力的"一盘棋"创建格局。截至目前，全省共有11个地级以上全国文明城市和5个提名城市、12个全国县级文明城市和20个提名城市，数量位居全国前列，济南、青岛等市加快创建全国文明典范城市。

二是创建体制机制不断优化。聚焦推动全国文明城市"全覆盖""一片红"，建立完善日常督导、精准调度、综合测评、系统培训、动态管理、宣传引导等全流程推进机制，推动各地创建工作常态化制度化规范化。聚焦城乡融合，建立城市结对创建、市县联动创建、城乡一体创建

等机制，积极推动创建工作向县域、乡村拓展，形成以市带县、城乡共建、整体推进、共同争先的良好态势。聚焦数字赋能，建设"山东文明创建"数字化考核调度平台，把测评体系细化为日常检验指标，推动各地文明城市创建工作普遍保持常态长效。

三是群众主体地位更加突出。始终坚持"为了人民、依靠人民、惠及人民"的创建理念，把"人民满意"作为创建首要标准，以"我为群众办实事"为切入点，全面推行"创城为民"实事清单，累计办理群众急难愁盼问题78.3万余个，有效提升了群众的获得感和满意度。尊重群众首创精神，积极引导群众参与，多渠道让群众监督创建，推动形成"共建文明城市，共享城市文明"的浓厚氛围，文明城市创建的社会满意度持续走高。

（二）增强文明村镇创建力度，文明新风吹乡村

创建文明村镇活动是加强农村精神文明建设的重要载体，是促进群众不断提高素质、推动社会全面进步、建设社会主义新农村的生动实践。在创建文明村镇活动中，山东省坚持以城带乡、城乡共建、重点突破、整体推进，形成了环境优良、经济发展、社会稳定、人与自然和谐相处的良好局面，农民生活质量明显提高，实现了农村精神文明建设的较大发展。

一是以环境整治为切入点，创建文明生态村。农村面貌要改观，关键在改善人居环境。山东各地以整治村庄环境为切入点，适时启动了建设"文明生态村""小康文明村""文明一条街"等创建活动。通过文明村庄创建活动，许多村实现了"五化"（硬化、亮化、净化、美化、绿化）、"四改"（改水、改厨、改厕、改栏圈）和"三通"（通自来水、通电话、通有线电视），村容村貌发生了翻天覆地的变化。

二是以城带乡，城乡携手共建文明。按照加快形成城乡经济社会一体化新格局的要求，山东各地在文明村镇创建工作中坚持以城带乡、城乡共建，初步形成了现代城市与农村和谐相融的新型城乡形态，实现了

城乡同发展共繁荣。济南市莱芜区和钢城区深化"城乡文明牵手共建行动"，在结对连片上作文章，在规范运作上求突破，在为民办事上下功夫，推进城乡文明一体化建设，为统筹城乡一体化发展奠定了强有力的基础，使城乡精神文明建设互动共进、整体提高。泰安市宁阳县深化文明单位"龙头带动"工程，着力实施"文化带动"，要求文明单位在帮扶过程中重点围绕"六个一"的目标展开，即帮助结对村完善一个广播电视服务网络，建设一个综合性文化科技信息服务中心，建设一个设施完备的文化大院，建设一个高标准的农家书屋，建立一支经常活动的民间文艺表演队，实现一月放映一场电影，农民享受到了较好的公共文化服务和丰富多彩的文化生活，文明素质、文化素养和行为方式都得到提升和改变。

三是以文化为支撑，农民群众共享文化实惠。山东各地坚持把构建农村公共文化服务体系作为推动新农村文化繁荣发展、促进农村精神文明建设的重要内容来抓，在人员、资金、政策、机制上全力保障，基本构建起覆盖全省农村的公共文化服务网络体系。切实推进文化惠民工程，即广播电视村村通、乡镇综合文化站建设、文化信息资源共享、农村电影放映和农家书屋建设等五大工程，极大地改善和提升了山东农村文化基础条件和服务能力。

四是创新形式，丰富创建内容。在文明村镇创建活动中，山东各地注意结合各自实际，突出自身特点，拓展创建范围，丰富创建内容。临沂市普遍建立了"文明一条街"，开展文明村镇、文明户、美在农家等创建活动，组织"千村万户文化帮扶"活动和环沂蒙山千里文化长廊、电子小康书屋建设，全面提高农民文明素质。泰安市创造性地开展了"创建文明诚信户—建设文明一条街—建立道德评议会—争创文明小康村—创建文明片区"五大梯级创建活动。

（三）加快文明行业创建进程，春风化雨润齐鲁

文明行业创建活动是群众性精神文明创建活动的重要组成部分，是

全面提高行业文明程度的有效途径。山东各级党委、政府围绕经济建设这个中心，从群众的需要出发，以加强诚信建设为重点逐步拓展创建形式，先后开展了行业规范化、社会服务承诺制、"讲文明、树新风"、"行风万人评"、"百城万店无假货"以及创建文明行业示范点等群众性创建活动，推动了行业文明建设向纵深发展，进一步提高了全省精神文明建设总体水平。

一是树立优质服务形象，创建热情高效的服务环境。在创建文明行业活动中，山东坚持开展经常化的、主题突出的思想道德教育和科学文化教育，倡树先进典型，积极倡导和培育爱岗敬业、诚实守信、办事公道、服务群众、奉献社会的精神，采取切实有效的措施解决群众关心、反映强烈的"热点"问题，树立良好的行业风气。各地深入开展行业规范化服务活动，建立健全职业道德规范和各项规章制度，规范工作程序，明确岗位责任和工作标准，建立强有力的内外监督约束机制，积极稳妥地推行社会服务承诺制度，严格落实兑现各项规章制度和面向社会的各项承诺，遵循"以人为本"的服务理念，切实改善服务态度，解决了"冷硬顶推""吃拿卡要"和"假冒伪劣"等不良现象。

二是树立诚实守信风尚，创建规范守信的市场环境。山东广泛发动社会各界参与文明诚信活动，经贸、工商、税务、质监、药监系统开展了文明诚信示范街、文明诚信企业、百城万店无假货、文明经营区、规范文明市场、"光彩之星"等项评选活动和质量月活动。同时，各地注意强化舆论引导和监督，表彰诚信典型，曝光失信案例，对虚假出资、制售假冒伪劣商品、合同欺诈等行为给予依法查处、坚决打击。通过诚信活动、诚信教育，全省基本形成了公平竞争、诚信经营的市场环境和诚信友爱的社会环境，良好的市场环境和社会环境成为招商引资的一大亮点。

三是形成良好的行业文化氛围，创建健康向上的人文环境。各行业各单位注重文化建设，树立行业文化品牌，营造健康向上的文化氛围。

山东交运集团将"诚和"确立为自身文化理念，成立企业文化建设领导小组，设立活动办公室，举办系列企业文化专题讲座，形成了浓厚的文化氛围。济南公交公司利用穿梭于大街小巷的4000余辆公交车，取消原有车厢内的商业广告，代之以社会主义核心价值观等为主题的各类公益广告，上车乘客可以瞬间感知社会主义核心价值观的理念，10米公交车厢变为传文明、促和谐的流动广告和移动课堂。

四是美化行业环境，创建优美舒适的工作环境。山东省重视各行业各单位的环境建设，坚持开展美化、绿化、净化工作，创造了整洁优美舒适的服务环境，不断改善工作条件，保证各项工作正常运转。同三高速公路日照管理处坚持以绿色延伸文明，将绿化功能寓于景观设计中，在不同区域、不同路段栽植不同的树木，不但阻挡了汽车噪音尾气，而且让人有一种美不胜收的感觉，仿佛是"人在梦中游，车在画中行"，大大减轻了驾乘人员的旅途疲劳。

（四）提升文明校园创建质量，崇德向善日渐浓

山东省加快推进文明校园建设，坚持以创建工作常态化、创建队伍常设化、创建思路品牌化为工作思路，重点培育重德向善的校园风气，全面推进学校各项工作跨越式发展。

一是落实立德树人根本任务，强化思想引领和价值引领。山东省以落实立德树人为目标，探索"大思政教育"的方法途径，重点推进思想理论课程、价值引领课程、活动实践课程、传统文化课程四位一体的思政教育课程体系。山东省实验中学开设"社会主义核心价值观教育""学'习'进步"等思政校本课，让习近平新时代中国特色社会主义思想进课堂；注重开展仪式教育，让升旗仪式成为对师生开展爱国主义教育和思政教育的有力平台。山东交通学院与济南战役纪念馆达成共建意向，设立思想政治理论课校外实践教学基地，定期邀请济南战役纪念馆的老师们送课进校园，山东交通学院各年级同学分期分批前往济南

⊙ 济南历下区开展"文明交通进校园"活动

战役纪念馆现场参观学习，并开展"我为纪念馆作贡献"等志愿活动，充分用好身边的红色文化资源，开创了思政课实践教学的新局面。

二是精心构建活动阵地，营造良好的育人氛围。文明创建大家建，文明活动有阵地。山东省各学校以积极创建文明校园为契机，新建改造宣传平台，充分利用升旗、班会、黑板报、宣传橱窗、电子屏等德育阵地对学生进行主题教育活动。滨州清怡小学通过宣传栏、广播室、电子屏、展示厅等宣传设施进行创建文明校园的宣传教育活动。学校走廊文化独具特色，墙壁能说话，草木会育人；100多个学生社团，助力5000多个孩子全面成长；学校微信公众号受到学生、家长的喜爱。通过家校共建活动，学校组织学生参加社会实践，开展爱国主义教育，定期开展网络教育活动，引导学生形成良好的上网习惯。

三是扎实开展校园文化活动，培育积极向上的教育价值认同。为学生成长创造良好的育人氛围，山东各地努力探索校园文化活动的课程化、社团化、项目化，通过开展丰富多彩的校园文化活动，培育积极向上的教育价值认同，让校园充满正能量。德州市第二中学共有科技创新、志愿服务等五大类26个社团，每年组织艺术节、科技节、体育节和读书节等活动，组织学生到德州市烈士陵园、德州市博物馆、德州市气象局等开展教育实践活动。通过成人仪式、入团仪式、社会主义核心价值观宣讲活动、思政课教师开发校本课程，引导师生自觉践行社会主义核心价值观；通过家长学校、"我们的节日"专题宣传、专题电教节目、主题团日活动，搞好宣传阵地建设。

四是建设良好的校园环境，促进学生健康发展。良好的校园软硬件环境是文明校园创建的重中之重，是校园文明程度提升的前提基础。近年来，山东一些地方紧盯校园环境建设，一方面，以专项资金专项用的方式，重点推进新建改造校园基础设施工作，加强校园人文景观规划；另一方面，持续推进校园周边环境整治，为广大学生创造清洁、舒适的学习环境。滨州市博兴县第一小学有博爱楼、博学楼、博闻楼等八大楼宇，学校里的孔子"孝"文化墙和孟子"仁"文化墙遥相呼应，黄河广场上放置孔子像和黄河鼎、日晷，广场地面雕刻北斗七星、太极八卦等。"校园十景"成为学校传递办学理念和发展愿景的有效载体。

（五）夯实文明家庭创建基础，良好家风带新风

家是最小国，国是千万家。家庭教育是教育的开端，关乎未成年人的健康成长和家庭的幸福安宁，也关乎国家发展、民族进步、社会稳定。中华民族历来重视家庭教育，"孟母三迁""岳母刺字""孔融让梨"等传统家教故事至今仍被许多家庭奉为育儿经典。为深入贯彻落实习近平总书记关于"注重家庭、注重家教、注重家风"的重要指示精神，全省各级妇联不断加强新时代家教家风建设，推动社会主义核心价值观在家庭落地生根，努力使千千万万个家庭成为国家发展、民族进步、社会和谐的重要基点。自2020年以来，山东有203个家庭获得"全国文明家庭"荣誉称号，数量在全国位居前列。

一是强化家长育人职责，提高家庭教育能力。加强《中华人民共和国家庭教育促进法》宣传普及，制定出台《山东省家庭教育工作指南》《山东省中小学（幼儿园）家长学校建设标准》，不断完善家庭教育指导政策措施，规范提升家委会工作，充分发挥其参与者、同盟军作用。建好用好家长学校，办好山东家庭教育大会，深入开展家庭教育志愿服务，推进家庭教育宣传周活动，建立省、市、县三级家庭教育指导中心。建立家庭教育教科研体系，推动师范院校开设家庭教育相关课程。

二是传承中华传统美德，弘扬优良家风家教。山东注重发挥传统家风家教资源富集的优势，开展齐鲁优良家风家训征集推广活动，选树了一批"文明家庭""最美家庭""智慧家长"，建设"齐鲁好家风"流动展览馆。自2021年以来，山东加强山东省家庭家教家风建设教育基地建设工作，组织开展寻找推荐山东省家庭家教家风建设教育基地活动，评选出39个山东省家庭家教家风建设教育基地，集中展示新时代家庭的良好风貌和优良家风。以"美在我家"主题活动为主线，常态化开展寻找"最美家庭""好家庭好家风巡讲巡展"等活动。大力实施"母亲素质提升工程"，开设母亲课堂，开展家庭教育实践活动和指导服务，2022年开展交流培训6900余场次，培训约36万人次。以上活动在弘扬中华民族传统美德、涵养好家教、传承好家风方面具有很好的引领示范带动作用，有力推动社会主义核心价值观在广大家庭落地生根。

三是丰富创建平台载体，好家风促民风带社风。党的十八大以来，山东省及各级妇联组织不断加强妇女儿童活动中心建设，打造品牌服务项目。依托新时代文明实践中心（所、站），建设少年儿童阅读、托管及亲子活动场所。广泛开展"书香飘万家"家庭读书主题实践活动，推进图书馆、农家书屋、城市书房、各类活动中心等校外活动阵地开设亲子阅读空间，引导家庭建立书房或图书角。济南市举办中华泉城"家文

⊙ "文明家庭" 杨连印家庭：传承书香好家风

化"活动年启动仪式暨"出彩人家"风采展示活动，并成立济南传承家文化研究院；泰安市举办"泰安十大和美人家"事迹展播暨"万封家书传真情"家庭文化展；滨州市举办"传家训、立家规、扬家风"主题教育宣讲活动等，有力提升了群众创建"文明家庭""最美家庭"的主动性、自觉性，传播了好家教，传承了好家风，有效引导广大群众和家庭以好家风促民风带社风，把社会主义核心价值观内化于心、外化于行。

四、道德建设成效显著

山东高度重视未成年人心理健康教育，坚持用社会主义核心价值观铸魂育人，聚焦加强和改进未成年人思想道德建设，着力解决好"培养什么人、怎样培养人、为谁培养人"的问题，不断优化学校、家庭、社会和网络等全环境育人，突出以德立校、以德立师、以德立生、以德立事。不断强化道德典型示范引领作用，大力选树道德模范、时代楷模、最美人物、山东好人，构建省、市、县、镇、村梯次联动格局，让社会主义核心价值观更加深入人心，引导全社会形成崇德向善的道德共识。

（一）全环境立德树人工作全面起势

山东省现有未成年人2223万，占全省总人口的21.9%。面对庞大的未成年人群体，山东高度重视未成年人心理健康教育，坚持五育并举、以德润心，着力优化未成年人心理健康环境建设，为青少年身心健康成长保驾护航。截至2023年初，山东已连续10年开展"国学小名士"经典诵读活动，连续5年评选"新时代好少年"200余人，5人获评全国"新时代好少年"，6个地级市被评为全国未成年人思想道德建设工作先进城市。

1. 高点定位，把握立德育人根本

习近平总书记强调，育人的根本在于立德。为全面贯彻党的教育方针，加强和改进未成年人思想道德建设，培养德智体美劳全面发展的社会主义建设者和接班人，推动立德树人根本任务高质量完成，山东省出

⊙ 全省持续开展全环境立德树人主题宣讲活动

台《关于实施全环境立德树人加强和改进未成年人思想道德建设的意见》，突出立德树人根本任务，推动明大德、守公德、严私德。同时，注重建立健全全环境立德树人工作协调机制，山东省精神文明建设委员会办公室与中共山东省委教育工作领导小组办公室联合印发《山东省全环境立德树人工作协调机制》，明确17部门64项重点工作任务，广泛凝聚育人合力，统筹协调推进全省全环境立德树人，研究全环境立德树人工作方案及配套政策措施，牵头做好学校、家庭、社会、网络等领域立德树人工作，协调解决重点难点问题，形成党委统一领导、党政齐抓共管、文明办牵头协调机制。

2. 清晰部署，扎实开展"五立"工作

山东在实施全环境立德树人、加强和改进未成年人思想道德建设方面，清晰部署工作任务，围绕以德立校、以德立师、以德立生、以德立家、以德立事，推动立德树人根本任务高质量落实。

突出以德立校，深化教育评价改革，完善学校高质量发展评价体系，将以德树人成效作为学校考核和领导班子述职评议重要内容。深化提升"三全育人"，推广全员育人导师制，建立全员育人责任清单，开展全员育人能力提升培训。加强全过程育人管理，建立完善各学段立德树人目标体系，深入实施强德固本、强课提质、强身健体、美育浸润、劳动淬炼五大行动。拓展全方位育人载体，深化校园文化建设和文明校园创建，推进学校文明实践基地建设，建立学生参加社会实践、研学旅行、志愿服务长效机制。突出以德立师，完善教职员工以德育人考评体系，提高师德师风在职称评聘、荣誉评选和教育评价中的比重，开展"最美教师"选树宣传。突出以德立生，健全学生综合素质评价体系，制定新时代中小学（幼儿园）日常文明礼仪规范，全面开设"中华优秀传统文化"课程，建成乡村"复兴少年宫"1600余所，加强"新时代好少年"等典型选树，激励褒奖德行优良学生。突出以德立家，制定《山东省家庭教育工作指南》，成立山东省家庭教育志愿服务队，建立家庭教育教科研体系。加大以德育人家庭指导员培养力度，开展"好家庭好家教好家风"宣传宣讲，选树一批"文明家庭""最美家庭""智慧家长"，建立"齐鲁好家风"流动展馆。突出以德立事，优化立德树人社会环境、网络环境，成立全环境立德树人宣讲团，开展"进学校、进家庭、进社区"网络普法活动，选树品学兼优青年网络名人，培育正能量"网红"名师，强化社会关心关爱责任，有效利用社会资源，广泛开展"为小"志愿服务，打造"温心成长""青春同行""爱心助考"等志愿服务项目。

3. 注重引领，做好主题宣讲实践

山东在实施开展全环境立德树人工作方面，注重宣传引导，建立了全环境立德树人常态化宣传机制，成立了省、市、县三级宣讲团。目前，已开展2023年山东省全环境立德树人心理健康主题宣讲上万场次，"扣好人生第一粒扣子"主题教育实践活动、"多彩校园 健康心态 蓬勃人生"心理健康教育月活动和全省学校心理健康教育线上专题培训班等活动总参与人数超百万人次，在全社会营造了关心关爱未成年人心理健康的浓厚氛围。同时，山东结合实际情况，制定了《全环境立德树人重点工作安排》，针对秋季学期开展爱国主义教育、全环境立德树人主题活动、心理健康教育、立德树人文艺展演活动、研学旅行活动、优化网络环境建设等九个方面的全环境立德树人工作进行了系统安排。

（二）道德模范选树成为品牌

道德模范是具备较高道德水平的典型人物，是有形的正能量，是鲜活的价值观，体现着特定历史时期社会的理想人格，代表着最广大人民群众的共同理想追求。山东作为儒家文化的发祥地，自古以来就具有精忠爱国、崇德尚义、诚信知报、笃实宽厚的优良文化传统，是道德模范辈出的热土。党的十八大以来，山东以习近平新时代中国特色社会主义思想为指导，继续深入推进道德模范工程建设，坚持守正创新，大力弘扬模范精神，广泛开展道德模范宣传学习活动，2022年出台《山东省先进典型选树宣传工作实施办法》，逐步形成了"道德模范""山东好人""齐鲁时代楷模""齐鲁最美人物"等一大批叫得响的道德建设品牌。

1. 深入推进道德模范建设

党的十八大以来，山东结合自身实际所实施的道德模范建设工程创造了许多新思路、新举措和新经验，探索出了一条道德模范建设的"山东路径"。一是强化氛围建设。注重舆论宣传引导，建立常态化学习机制，坚持用典型示范引领"树人"，组织报告会、事迹展、基层巡讲，开展道德模范进机关、进企业、进学校、进社区、进乡村活动，形成了崇德向善、见贤思齐的浓厚氛围。二是重视载体协同建设。注重将道德模范建设与精神文明创建、美德山东和诚信山东建设、全环境立德树人等活动相互结合、相互融合、相互促进，积极发挥新时代文明实践中心（站、所）、爱国主义教育基地以及公共文化阵地的作用。三是注重完善选树体系。打造了村、镇、县、市、省五级联动，自下而上、梯次推进的道德模范评树工作格局，形成了选树、宣传、激励和困难帮扶等系列科学配套体系。

近年来，全省涌现出了"连钢创新团队""房泽秋工作室""长城爱心车队""成德公益基金""郝隆志愿服务队"等以道德模范命名的爱心公益团队、志愿服务组织。在这些当代山东道德模范的身上，既体现了儒家文化浸润熏陶下山东人仁爱孝悌、谦逊知礼、淳朴厚德、重义轻利的独特地域文化精神，又展示了爱党爱国、开拓创新、敬业奉献、迎难而上的时代精神。截至2023年初，山东省已经开展了八届道德模范评选表彰活动，共评选出440名全省道德模范。在第八届全国道德模范评选中，山东3人当选全国道德模范，7人获得提名奖，是入选数量较多的省份之一。自首届全国道德模范评选以来，山东已有20人当选、60人获提名，数量居全国前列。一位位平凡的"英雄"，是齐鲁儿女道德高度的最好标注，也是我省公民道德建设成果的精彩展现。

2. 持续发力"山东好人"评选

为打造道德高地，加快"美德山东"建设，山东分助人为乐、见义勇为、诚实守信、敬业奉献、孝老爱亲五个类别，全面开展"山东好人"评选活动，已经形成了诸多可借鉴经验，成为引导全省人民群众大规模参与道德实践的成功探索、新形势下推进山东公民道德建设和社会主义精神文明建设的创新之举以及山东省道德模范选树的主渠道，对传播向上向善的正能量提供了有力的道德支撑。

建立组织领导和绩效考核相结合的工作机制。由山东省委宣传部、省文明办、大众报业集团、省总工会、团省委、省妇联、山东广播电视台等部门共同组成"山东好人"评选活动组委会，定期召开工作调度会议，安排部署工作。由组委会成员、省委党校、社科研究机构及驻济高校专家学者、省级以上道德模范、媒体工作者、省直有关单位负

⊙ "山东好人"发布仪式

责人、各市文明办负责人组成评审专家库，每月召开一次专家评审会议，评议候选人。各市根据省里的统一部署，建立健全相应组织领导机构。在工作中，将活动开展情况和成效作为评选文明城市、文明单位、文明网站和各市、各单位精神文明建设效果评价的重要指标，列入相关考核标准。

创立自上而下和自下而上相结合的评选方式。全省各级各部门，各市、县（市、区）建立起"山东好人"推荐评选常态化工作机制，形成了省、市、县、镇、村五级联动、梯次推进的工作格局，形成了"山东好人—山东好人之星—山东好人年度人物—中国好人—全省至全国道德模范"逐级提升的选树链条。同时，"山东好人"评选充分尊重人民群众主体地位，坚持立足基层，突出群众评、评群众，群众学、学群众，层层推、层层树、层层学，确保了推荐的全面性、质量和效率，夯实了活动的群众基础和在群众中的影响力、感召力。

形成专业人员与普通群众相结合的评选办法。在"山东好人"的遴选、评审工作中，全省上下严格推荐、评选流程，采取基层推荐、组委会审议、社会公示、网络投票、专家评审、宣传推广、集中表彰等一系列严密的组织规范，确保推荐评选工作客观、公正。初期由各级文明办精心组织，各地市各单位广泛发动，从群众身边的好人好事中挖掘典型、提炼事迹、形成材料。评审专家来自政府部门、一线工作单位、科研院所等各行各业，以高度负责的态度逐个认真研究推荐材料，从中推选出先进性强、感染力深厚、示范作用大的"山东好人"，并用心提炼宣传导语，保证了典型立得住、叫得响。同时，在山东文明网、大众网、齐鲁网等平台设立"山东好人"评选专栏，接受广大网民投票和监督，使普通群众参与活动全过程，提升了评选活动的社会认可度和影响力。

构建起精神鼓励与物质奖励相结合的激励机制。在政治上、工作上、生活上关怀"山东好人",对入选的"山东好人"颁发证书,每年年底举办颁奖典礼,隆重表彰"山东好人"年度人物。加大主流媒体对道德模范的宣传力度,使这些原本默默奉献的普通人成为人人尊重的道德明星。通过在街头巷尾设置宣传栏、广告牌、"好人墙"等,提升"山东好人"的自豪感、荣誉感、获得感。设立道德模范基金,帮扶工作生活困难的道德模范和"山东好人",在全社会形成"好人好报"的良好风尚。

形成媒体宣传与社会宣传相结合的立体宣传模式。注重舆论宣传引导,通过全方位、高密度的宣传,充分发挥"山东好人"的感召作用、激励作用。在媒体宣传方面,传统媒体与新媒体共同发力,注重利用微博、微信等短平快的新形式进行宣传,形成融媒体联动效应。在社会宣传方面,各地广泛组织"山东好人"巡讲,与群众互动交流。拍摄宣传片、出版系列图书,并以"山东好人"为原型,创作小品、歌曲、戏剧等突显地方特色的文艺作品,用讲故事、演节目的方式传递道德观念,共同打响"山东好人"品牌。

截至2023年初,山东已连续11年评选"山东好人",共有8217人(组)当选"山东好人",1128人(组)入选"中国好人榜",居全国前列。

3. 创新实施"齐鲁时代楷模"典型选树

"齐鲁时代楷模"主要选树忠实践行习近平新时代中国特色社会主义思想,理想信念坚定、道德情操高尚、先进事迹过硬,对全省经济社会发展全局或某一领域有重大影响,具有很强时代性、代表性、示范性的全省重大典型。自2015年以来,31位(组)先进典型被评为"齐鲁时代楷模",7位(组)被推荐选树为全国"时代楷模"。

2022年,制定《山东省先进典型选树宣传工作实施办法》,明确各类典型选树标准条件,推动构建层次清晰、特色鲜明的典型群体格局,建立典型发现挖掘、典型培育培养、典型考察命名、典型宣传推广、典型学习践行等典型选树机制，推动建立导向鲜明、灵活开放、运转高效、规范有序的先进典型选树宣传工作机制。

自2023年以来，围绕全省重大典型"齐鲁时代楷模"，统筹典型选树、发布、宣传和推广等各环节，创新发布形式和宣传方式，多方联动、多点发力，搭建起全媒体宣传矩阵，有效扩大了先进典型覆盖面和影响力。准确把握典型定位，选择典型宣传的最佳时机。创新发布形式，增强故事的鲜活性，找准正能量宣传切入点，不断提升发布仪式效

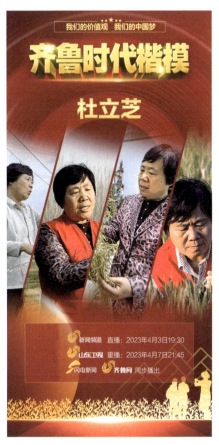

⊙ "齐鲁时代楷模"杜立芝

果。打破以往宣传固有框架，以直播、短视频、图解、评论等多元表达形式，精心预热宣传，发挥全媒宣传矩阵作用，进行"条块结合、上下联动、全媒发力"的全媒体、立体化、多层次宣传，实现全省重大典型的融合传播、破圈传播、持续传播。

4. 有序开展"齐鲁最美人物"选树宣传

为充分发挥全省各行业各领域先进典型的示范引领作用，自2015年以来，山东省委宣传部会同省直有关部门单位开展"齐鲁最美人物"选树宣传活动。目前已发布25个系列，包括齐鲁最美职工、青年、教师、公务员、健康卫士、科技工作者、基层宣传文化工作者等，截至

2023年9月底，已选树发布634位（组）。

突出重点行业群体，围绕新时代社会主义现代化强省建设、经济社会高质量发展重点行业领域，突出青年、教师、科技工作者等重点群体，及时选树立足本职岗位、担当作为、创新进取、争创一流业绩的先进典型。参照中央有关部委做法，围绕省委省政府中心工作，每年适当增加选树系列。紧密结合行业特点和重要时间节点，突出选树重点，找准发布时机，推动"齐鲁最美人物"选树宣传工作贯穿全年、有序推进、扎实开展。

五、乡村文化振兴进入新阶段

乡村振兴既要塑形，也要铸魂。推进乡村文化振兴，是在新时代新征程上坚定文化自信、赓续文化根脉的底蕴所在，是推进中国式现代化的必然要求。近年来，山东统筹推进乡村文化阵地建设、乡村文化活动繁荣、乡村文化遗产保护、乡村文旅融合发展，以培育和践行社会主义核心价值观引领农村思想道德建设，以"山东手造"振兴传统工艺、助力农民增收，以文化体验廊道和黄河大集做强乡村文化体验游，以美德山东、信用山东建设培育文明乡风、良好家风、淳朴民风，群众精神文化获得感、幸福感、安全感显著上升，全省乡村文化振兴进入新阶段。

一是省、市、县、镇、村五级贯通体制基本健全。以全战线大调研为契机，在广泛调查研究基础上研究制定《山东省乡村文化振兴工作指导方案（2023—2027年）》，旨在通过推动乡村文化振兴引领乡村全面振兴。召开全省乡村文化振兴现场推进会议，强化"省部署、市谋划、县主抓、镇推进、村落实"五级联动格局，细化实化地方党委政府基本保障、部门单位基本服务、乡镇层面落实事项、村"两委"主要工作，全省16市和相关部门均制定具体实施方案，明确各级各部门干什么、怎么干、谁来干、干到什么程度。细化实化各级党委政府"十保"（保阵地设施、保信息网络、保快递电商、保人居环境、保教育均等、保历史风貌、保文化传承、保乡村文旅、保工作队伍、保工作经费）、部门单位"十送"（送理论、送文明、送志愿服务、送文化、送教育、送科技、送健康、送法律、送体育、送培训）、乡镇层面"十抓"（抓机制建设、抓专人专责、抓上下对接、抓力量统筹、抓精准指导、抓活动策划、抓品牌打造、抓示范带动、抓配套支持、抓日常调度）、村级"十开展"（政策理论普及、美德信用建设、移风易俗、文体活动、志愿服务、环境整治、文明创建、典型选树、文化传承、文化产业培育），构建职责清晰、各负其责、合力推进的工作格局，形成乡村文化振兴齐抓共管合力。

二是乡村基层公共文化服务体系不断完善。扎实开展文化建设样板镇村创建活动，完成对10个样板乡镇、20个样板村的初评工作。在全省1822个乡镇（街道）、64000多个行政村（社区）基本实现综合性文化服务中心（文化活动室）全覆盖基础上，开展"乡村书房"等乡村

⊙ 村歌嘹亮·2023山东省村歌故事会暨全省新时代乡村歌曲颁奖晚会

105

文化阵地打造工作，全省新建设打造乡村书房70多个。深入推进乡村文化惠农，积极对接群众需求，每年制定为民办实事文化惠民清单，以"我们的中国梦——文化进万家"为主题，以群众性小戏小剧演出为重点内容，在全省广泛举办"村晚"3700余场，参与群众210多万人次，全省有11地"村晚"被评为2023年全国"村晚"示范点。2023年1月26日，人民网头版专题报道我省"村晚"活动盛况。2022年，全省开展"群众演群众看"、小剧小戏"大擂台"活动1077场，送戏下乡4.58万场，放映公益电影70.41万场，开展各类"新时代乡村阅读季"暨农家书屋主题阅读活动2.6万余场。开展2022—2023年度全省冬春文化惠民季活动24000余场次，参与群众550多万人次。提升数字文化资源建设力度，"山东公共文化云"发布资讯1.9万条、慕课6.9万余节、视频资源7.6万个，资源分发10万余次，深受农民群众欢迎。聚焦山东乡村振兴生动实践，打造乡村文艺力作，重点推出长篇小说《大地之上》、长篇报告文学《看云起——中国"菜篮子"的共富样本》、吕剧《一号村台》等一批乡村题材文艺力作。拍摄反映临沂市代村乡村振兴带头人王传喜事迹的电影《喜盈代村》，反映济南市三涧溪村乡村振兴带头人高淑贞事迹的电视剧《三泉溪暖》被列为国家广电总局22部脱贫攻坚重点剧目之一，在中央电视台综合频道和网络平台热播。深入实施"乡村题材小型文艺作品创作推广计划"，各地已经新创作乡村题材精品小戏小剧120多件。

三是着力推动参与载体联通贯通。山东着眼激发乡村文化振兴内在动力，创设整合载体，强化叠加融合效应，以乡村文化振兴提升乡村文明水平，着眼推进城乡精神文明建设融合发展，以增强农民群众文化文明和精神力量获得感、幸福感、安全感为目标，整体打通美德信用、全环境立德树人、志愿服务、文明创建等载体，为乡村文化振兴提供精神文明支撑。开展"乡村振兴齐鲁样板——村村有好戏"特色文化文明活动，通过打造"两节"（农民丰收节、农民文化艺术节）、"四集"（春夏秋冬四个大集）、"四赛"（村篮、村足、村乒乓、村象棋）、"系列活动"（一村一年一场戏、庄户剧社"群众演群众看"、齐鲁乡村文艺展演竞赛、小戏小剧创作展演、乡村山东手造技艺传承）等，形成具有齐鲁特色、全国影响力的乡村文化振兴品牌，营造"村村有活动、大村有大戏、村赛村村比、四季赶大集"的浓厚氛围，在潜移默化中培育文明乡风、良好家风、淳朴民风，真正让乡村文化热起来、火起来，为推动乡村全面振兴提供强大精神力量。

四是乡村文化遗产得到有效保护利用。将乡土文化遗产保护纳入《文物保护利用"十大工程"实施方案》重要内容，田野考古深入开展，高密市前冢子头遗址考古发掘发现战国时期礼制性质的大型夯土台基，对研究当时遗址性质及相关历史背景等具有重要意义。以注重对濒危乡村文化遗产实施抢救性保护为目的，完成一批历史文化名镇、名村保护规划审核工作。对淄博、聊城、临沂等市的乡村非遗工坊建设情况进行深入调研，探索持续推动非遗带动农村产业发展，助力乡村振兴的有效路径。强化乡村革命文物保护利用，以红色文化助推乡村振兴，持续开展省级红色文化特色村的培育创建工作。

五是乡村文旅深度融合发展。2023年，省文化和旅游厅联合省发展改革委、省财政厅、省自然资源厅等部门印发《关于推进乡村旅游高质量发展的实施方案（2023—2025年）》，统筹乡村振兴重大专项资金，将乡村旅游与乡村文化遗产、乡土人文风俗等有机融合，重点支持40个旅游民宿集聚区、95个乡村旅游重点村镇、273个景区化村庄和151场乡村好时节活动。注重串珠成线、连片扩面，沿黄河、大运河、齐长城、黄渤海、胶济铁路线和红色文化旅游廊道打造乡村文化振兴展示带。推进"乡村好时节"品牌建设，举办主题活动2000多场，形成了以品牌带热活动、以活动拉动消费的长效机制。

第五章　薪火相传谱新篇

——推动文化遗产活化传承

"文明曙光初先辉，披泽华夏流韵长。"万里黄河东流入海，裹挟滚滚泥沙造就华北无垠平原沃土，哺育了齐鲁儿女，孕育了齐鲁文化，肇始了中华文明，留下了无数珍贵人类文明遗存。1928年，考古学家吴金鼎在山东省章丘县龙山镇发现了城子崖遗址，李济、傅斯年、梁思永、王献唐等主持了考古发掘工作。这是第一个由中国独立发现和发掘的史前文化遗址，是中国"百年百大考古发现"的代表，被誉为"中国考古圣地"。如今，这里已经建成国家考古遗址公园，成为社会重要的教育、科研、旅游场所。

自城子崖遗址发现以来，经过山东考古工作者几代人的不懈努力，海岱地区构建起"扁扁洞文化（距今约10000年—9000年）——后李文化（距今约8500年—7500年）——北辛文化（距今约7500年—6500年）——大汶口文化（距今约6500年—4500年）——龙山文化（距今约4500年—3900年）——岳石文化（距今约3900年—3600年）"的完整文明谱系，也就是所谓的"东夷文化"，实证了"中国百万年人类史、一万年文化史、五千多年文明史"。东夷文化以山东为核心区域，辐射豫北、苏北、皖北、河北、辽东等广大地域，在中华文明早期进程中，在社会组织、手工业、农业、渔业、医药、历法、礼制、乐舞、文字、冶炼、城邦（国家）等诸多方面，皆有独特、领先的创造，是齐鲁文化的主要源头，对儒家思想的产生也有重要影响，让山东成为中华文明的重要起源地、我国文化遗产最为富集的地区之一。

文化遗产是人类文明发展成果的结晶，也是促进世界不同文明交流互鉴的重要载体，在中国特色社会主义文化建设中发挥着基石作用。保护好、传承好、利用好宝贵的文化遗产财富是我们共同的责任。党的二十大作出了"加大文物和文化遗产保护力度，加强城乡建设中历史文化保护传承"的重要部署。近年来，山东省深入贯彻落实习近平总书记关于文化遗产工作的重要论述和指示批示精神，坚持守正创新、争创一流，推动"海岱考古"再创辉煌，推动全省文物保护、管理、利用水平不断提升，推动全省非遗薪火相传、焕发活力，努力走出了一条符合国情省情的现代文化遗产保护利用之路。

一、持续擦亮"海岱考古"文化品牌

"海岱蕴齐鲁，冠带系中华。"山东历史悠久，文脉绵长，是中华文明重要发祥地、儒家思想诞生地，境内考古发现的旧石器文化、后李文化、北辛文化、大汶口文化、龙山文化，以及夏、商、周三代文化，一脉相承、谱系完整、文明迭起，成为我国百万年人类史、一万年文化史、五千多年文明史的重要佐证。观往以知来，认识中华文明的悠久历史、感知中华文化的博大精深，坚持和发展中国特色社会主义的伟大实践创新，离不开考古学。习近平总书记指出："考古工作是展示和构建中华民族历史、中华文明瑰宝的重要工作。"党的十八大以来，山东全面贯彻落实习近平总书记关于考古工作的重要论述和指示精神，着力促进考古事业高质量发展，考古能力不断提高，考古队伍不断壮大，考古项目成果丰硕，"海岱考古"的国内外影响力与日俱增。

海岱考古

　　海岱地区自古以来就是一个固定的历史地理的词汇。海,指的是东海、黄海、渤海;岱,指的是泰山。海岱地区是以现在的泰山为中心,由若干条发源于泰沂山脉的河流及其冲积平原所组成地区,从历史地理上来说,它以山东为中心,包括周边的豫东、皖北、苏北等地。总体来看,海岱地区百年考古工作可分为三个阶段:第一阶段,20世纪20年代至40年代,是中国现代考古学的发端时期,也是海岱地区考古工作的肇始阶段;第二阶段,20世纪50年代至80年代,该时期海岱地区考古研究工作主要集中在新石器时代和青铜时代考古学文化序列的建立方面;第三阶段,20世纪90年代至今,聚落考古与环境考古等综合研究成为海岱地区考古工作的亮点。

(一)重大考古项目取得丰硕成果

　　主动性考古成绩斐然。考古是认识历史的金钥匙,自1928年发现城子崖遗址以来,山东考古走过百年历程,在人类起源、农业起源、中华文明起源和发展、中国早期国家诞生、统一多民族国家形成与发展等方面取得重要研究成果。2012年,国家文物局设立"考古中国"重大项目课题,山东"海岱地区古代文明化进程研究""海岱地区夏商西周考古研究"两项课题入选。同时,山东省参加了中华文明探源工程第二至第五阶段的课题研究,2016年以来,共实施主动考古发掘项目60余项,完成334项大遗址考古勘探和发掘项目验收。2017年,山东召开全省考古工作会议,提出山东考古"再创辉煌"的奋斗目标,围绕大遗址保护、考古遗址公园建设,对汶上南旺分水枢纽、曲阜鲁国故城、泰安大汶口、临淄齐国故城、章丘城子崖、章丘焦家遗址等进行了考古发掘。岗上遗址、赵家徐姚遗址、西孟庄遗址、跋山遗址、稷下学宫遗址、琅琊台遗址等重大考古发现，在证实中国古代文明起源和构建山东古代历史方面发挥了重要作用。其中，岗上遗址、赵家徐姚遗址分别入选2021、2022年度"全国十大考古新发现"，至此，山东已累计有24个项目21次入选，居全国第四。2021年，山东省大汶口遗址、城子崖遗址等6项考古发现入选中国"百年百大考古发现"，数量居全国第三。

延伸阅读

城子崖遗址

城子崖遗址，属新石器时代（公元前2500年—公元前2100年）城址，位于山东省济南市章丘区龙山街道龙山村东北，巨野河东岸、胶济铁路的北侧，总面积约22万平方米。1928年，城子崖遗址被吴金鼎发现。城子崖遗址分为周代城址、岳石文化古城、龙山文化古城上中下3层，出土有陶器、石器、蚌器和少量铜器，该遗址的发现为研究中国五千年文明史提供了实证。1961年3月4日，城子崖遗址被国务院公布为第一批全国重点文物保护单位，2021年10月18日，入选全国"百年百大考古发现"。城子崖考古创造了中国考古学史的多项"第一"：第一个由中国国家学术机构独立发现和发掘的史前文化遗址；第一次在中国东部地区开展的考古发掘；第一次绘制了考古地层图；是中国境内发现和发掘的第一个黑陶文化遗存；出版了中国第一部田野考古报告集。城子崖遗址因此获得了"中国考古圣地"的殊荣。

水下考古驶入快车道。水下考古力量快速建优配强，2015年，山东成立了水下考古研究中心，在全省建立了6处水下考古工作站。2021年，成立了全国第一个涉水文化遗产社会组织——涉水文化遗产保护研究学会，组建了全国第一支独立的水下考古物探队伍。2015年以来，山东围绕海洋强国战略和黄河、大运河国家文化公园建设，开展了威海沿海近现代沉船、烟台庙岛群岛水下文化遗产、日照海域水下文物资源、东平湖及其周边淹没区考古调查等项目，完成威海湾一号沉舰、垦利海北、利津铁门关等遗址考古发掘，编辑出版了《海岱丝语——"一带一路"与山东》《海岱遗珍——山东出水文物汇编》等图书，为"海上丝绸之路"申遗、甲午海战研究提供了重要资料。

基本建设工程考古成效显著。习近平总书记多次强调，考古遗迹和历史文物是历史的见证，必须保护好、利用好。2021年、2022年，山东两次召开全省文物工作会议，提出擦亮"海岱考古"品牌目标任务，推动"先考古、后出让"制度落地落实。为解决工程建设考古工作中的瓶颈制约，山东先后公布11家市级考古调查勘探单位，出台《关于加强工程建设考古调查勘探工作的意见》等4个政策性文件，规范完善考古调查、勘探项目完工报告、重大发现报告、文物登记公布、工作检查验收等制度，全省16市全部出台国有建设用地考古前置贯彻落实文件。2019年以来，山东组织实施了工程考古发掘项目329项，发掘面积23.79万平方米，占山东十年来考古发掘项目总数的近70%。涉水工程方面，先后实施青岛西海岸新区琅琊港、斋堂岛交通码头改扩建工程海洋物探及鲁宁线管道工程穿越大运河物探扫测等项目，在支持重点工程建设的同时，有效保护了大批水下文化遗产。

（二）现代考古能力不断提升

重大考古研究成果不断涌现。山东努力在建设中国特色、中国风格、中国气派的考古学中走在前。2016年以来，全省开展考古发掘项目资料整理93项，举办"考古中国"考古研究项目推进会、环渤海水下考古论坛等全国性学术交流活动30余场次，先后出版《中国出土青铜器全集（山东卷）》《昌邑辛置2010—2013墓葬发掘报告》《济南刘家庄商代墓葬》等考古报告、图录50余部，其中《两城镇》考古报告荣获教育部第八届高校科研优秀成果奖，《东周青铜容器谱系研究》荣获山东省第三十四届社科优秀成果特等奖并一等奖，《济南魏家庄遗址出土铁器保护修复项目》获2016年首届考古学大会"考古资产保护金尊奖"。2023年，《海岱考古》创刊成功，对扩大海岱考古的社会影响力、推动山东考古人才队伍建设具有积极作用。

考古机构和人才队伍不断壮大。山东是国家文物局确定的10个世界一流考古机构创建省份之一，2017年，山东省文物考古研究所改建成立山东省文物考古研究院；2021年，济南市考古研究所改所建院，淄博、东营等11市均成立了不同形式的市级考古专业机构，全省考古力量得到极大增强。考古基地、工作站建设进一步提速，中华文明国家文物基因库（山东分库）在淄博挂牌，国家文物局考古研究中心北海基地在青岛建成启用，北京大学山东临淄田野考古教学实习基地投入使用，鲁中南文物保护和考古研究中心建设获批立项。为加强考古人才培养，印发《山东省文化和旅游领域人才队伍建设若干措施》《山东省青年文博人才培养项目实施办法（试行）》等文件，建立省直考古发掘资质单位对口帮扶地方考古专业机构工作机制，连续举办山东省田野考古技术培训班及多个区域性田野考古技术培训班，培训248人次。山东大学等8所高校、莱芜职业技术学院等2所职业院校强化考古、文博等专业设置和学科建设，建立了山东省文物修复与保护技能人才培训基地、山东省考古技能人才培训基地。

考古科技创新应用能力显著提升。提升考古质量，离不开现代科技手段。习近平总书记强调，要运用科学技术提供的新手段新工具，提

⊙ 山东沂水跋山水库旧石器时代遗址发掘现场

高考古工作发现和分析能力，提高历史文化遗产保护能力。2022年3月，山东省文物考古保护中心正式投入使用，中心占地6.7万平方米、建筑面积3万多平方米，文物标本库房、考古整理基地、文物保护修复基地等硬件建设已经完工，动物考古、植物考古、文物修复等先进物保护装备安装到位，山东省文物考古研究院（山东考古博物馆）、山东省水下考古研究中心、山东省文物保护修复中心迁入办公。山东大学成立了考古国家级实验教学示范中心，建立植物考古、动物考古、陶瓷器考古、玉石器考古、稳定同位素考古、人类演化、体质人类学、文物保护技术、数字考古等19个实验室，形成完整的考古研究和人才培养体系。省文物考古研究院与国内多家科研院所合作，开展古DNA研究、海岱地区动植物考古数据库建设、环境考古与地学考古等项目，对跋山遗址象牙形器微痕的研究、对大汶口遗址出土玉器矿质来源的研究均取得丰硕成果。

（三）考古成果转化迈上新台阶

推动考古走向大众。全省积极利用巡回展览、讲座、多媒体、自媒体等形式，让考古成果进农村、进学校、进社区、进企业，做到"让文物说话，让历史说话，让文化说话"。2016年以来，山东考古发掘工地累计举办公众考古和考古研学夏令营活动240余场次，参与30622人次。2017年6月，山东省首个公众考古基地在济南章丘焦家遗址揭牌。2022年，举办"文明之光——滕州岗上遗址考古发现成果展""涉水钩沉 赓续华章——山东水下考古展"。考古宣传力度不断加大，实施"海岱考古"传播推介，举行"山东百年百项重要考古发现"评选，举办"山东考古成就展"，出版《山东百年百项考古发现》图书，宣传考古成果和新时代考古精神。中国文物报以《新时代，山东擦亮"海岱考古"品牌》为题，两联版刊发党的十八大以来山东考古成就。中央电视台对滕州大韩村东周墓地、临淄稷下学宫遗址、济南张荣家族墓等重要发现进行了专题报道，对城子崖、大汶口、焦家、岗上等遗址重要发现进行了综合报道。省文物局和省主流媒体加强合作，策划推出融媒专栏《文物志》和《依盟探宝》，考古纪录片《城子崖》，文史探索类节目《文物里的山东》《馆长来了》，微综艺短视频《文宝要出道》，口述历史栏目《海岱考古大家谈》等，多形式、全角度展示山东考古成就，引起社会热烈反响。2023年7月11日至12日，全国考古工作会在山东济南举行，来自全国各地的考古领域专家学者齐聚一堂，海岱考古再次成为全国媒体宣传报道热点。

推进考古遗址公园建设。山东高度重视考古遗址公园在考古遗址保护和展示方面具的示范意义，并强化其科研、教育、游憩等功能，快速推动城子崖、齐国故城等6处国家考古遗址公园建设，出台《山东省考古遗址公园管理办法》，组织开展省级考古遗址公园创建。2022年，山东省文化和旅游厅公布19家首批省级考古遗址公园立项单位，其中6家通过评定并挂牌。

延伸阅读

2023年全国考古工作会

2023年7月11日，全国考古工作会在山东济南召开。本次会议是在中国考古进入新百年新征程的重要阶段，在"十四五"规划各项任务铺陈开展的关键时期召开的一次重要会议。会议全面回顾"十三五"以来我国考古工作的发展成就，提出新时代中国考古工作的总思路总目标，为全面实现中国考古学科和考古事业的高质量发展作出了总体部署，推动建设中国特色中国风格中国气派的考古学。文化和旅游部副部长、国家文物局局长李群在会上表示，做好新时代考古工作责任重大、使命光荣。广大文物考古工作者要谋求新时代中国考古的大格局、大视野、大发展，树立"大考古"的工作思路，努力建设中国特色中国风格中国气派的考古学。要进一步统一思想、守正创新，全面实现中国考古学科和考古事业的高质量发展，为传承弘扬中华优秀传统文化、建设中华民族现代文明、实现中华民族伟大复兴作出新的更大贡献。

二、深入实施"七区四带"文物保护战略

文物承载人类文明，传承历史文化，维系民族精神，是中华优秀传统文化的重要载体，是建设中华民族现代文明的深厚滋养。山东是全国文物资源大省，文物资源分布广、级别高，文物总量居全国前列。全省始终坚持"保护为主、抢救第一、合理利用、加强管理"的文物工作方针，以推进文物保护利用改革为主线，把文物事业改革发展整体纳入全面深化改革战略部署，推动文物保护利用和传承发展取得显著成绩，为传承弘扬中华优秀传统文化作出了积极贡献。

（一）文物保护格局不断优化

不同时期、不同特点的文化为山东留下了不同特色的文化遗产。旧石器时代，以泰沂山系为中心的鲁中山地是古人类化石和细石器点分布

的主要区域；新石器时代，山东出现了鲁北、鲁中南、鲁东南及胶东四个不同特点的文化类型区域，构筑起山东文化发展的初始格局。夏商周时期，随着中原王朝的东扩，山东各地不同程度地受到外来文化影响，文化面貌发生了很大变化，渤海沿岸设立了许多盐业生产的基地，海疆文化逐步发展。东周时期，山东各地文化面貌更加多样化，产生了齐、鲁、薛、莒、郯等各诸侯国不同的文化体系和格局，齐国为了加强边防在鲁中山地修筑了长城。随着各诸侯国的兼并与统一，齐鲁文化逐步形成，在山东地区造就以齐长城为分界的宏观文化格局。隋唐以来，大运河的开通对山东地区运河沿岸的经济文化产生了深刻的影响，产生了博大精深的运河文化。整体来看，山东是黄河下游中华文明的重要起源地，齐鲁文化是黄河文化的重要组成部分，在黄河文化的成长演进中发挥了重要角色。

根据不同的文化发展特征和地理环境因素，对文化遗产按区域进行分类、系统保护，是一条科学有效的遗产保护传承战略。从"十二五"时期的"七区两带"，到"十三五"时期的"七区三带"，再到"十四五"时期的"七区四带"，山东对全省文化特征的认识不断深化，推动文化遗产保护格局不断优化，推动文化遗产保护传承深度融入时代发展要求，集中连片保护模式得到国家文物局肯定推广。

> **延伸阅读**
>
> ### "七区四带"文物保护片区战略
>
> 七大文化遗产保护片区：以鲁中南孔孟文化为主题的曲阜片区，以齐国腹地为中心的临淄片区，以鲁中山地人类起源及泰山文化为主题的省会片区，以黄河下游渤海沿岸盐业为特点的渤海片区，以沿海近现代建筑、海防及东夷文化为特点的半岛片区，以红色文

化、龙山文化城址群、莒郯文化为主题的沂蒙片区，以堌堆文化遗产和东西文化交汇为特点的鲁西片区。四条文化遗产带：以黄河文化保护传承弘扬为主题、黄河及黄河故道沿线的黄河文化遗产带，以运河文化保护传承为主题、京杭大运河山东段沿线的大运河文化遗产带，以齐长城文化为主题、齐国长城沿线的齐长城文化遗产带，以海洋文化为主题、海疆沿线的山东海疆文化遗产带。

（二）文物保护政策法规逐步完善

为推进文物依法保护、科学保护，山东强化顶层设计，精心绘制文物工作"施工图"，制定实施了《山东省齐长城保护条例》《文物保护利用"十大工程"实施方案》《关于加强文物保护利用改革的实施方案》《关于进一步加强文物工作的实施意见》《关于进一步加强文物安全工作的实施意见》《关于进一步加强文物保护利用工作的若干措施》《山东省博物馆事业发展"十四五"规划》《山东省文物事业发展"十四五"规划》《关于让文物活起来扩大中华文化影响力行动计划》等文件，与国家文物局签署《合作实施"齐鲁文化遗产保护利用计划"框架协议》，文物治理能力明显增强。革命文物保护利用工程深入实施，出台全国第一部全面规范红色遗存和革命精神的省级地方性法规——《山东省红色文化保护传承条例》，制定《山东省革命文物保护利用工程实施意见》《革命文物保护利用总体规划》《山东革命文物保护利用片区工作规划》《山东省革命文物保护利用"十条"（试行）》，牵头启动《冀鲁豫革命文物保护利用片区工作规划》编制工作，为保护传承革命文化遗产提供了有力保障。

山东把文物保护利用改革作为文物工作主线，突出重点、分类施策，推动文物工作机制创新、管理创新和科技创新，努力破除影响文物事业发展的体制机制障碍。《关于进一步加强文物保护利用工作的若干措施》提出聚焦全面实施革命文物保护利用工程、擦亮"海岱考古"品牌、加强石窟寺及石刻文物保护、突出文物利用山东特色、推动博物馆高质量发展、强化文物科技支撑等11项含金量高、操作性强的政策举措，条条都是"实招""硬招"。《山东省文物事业发展"十四五"规划》总结了山东省"十三五"文物工作的五项成绩、六条经验，分析发展面临的五个机遇、需要解决的四个问题，明确了"十四五"山东文物事业发展的指导思想、基本原则、总体目标和主要任务，着力构建依法保护、传承发展的文物保护利用体系，惠及民众的文博单位公共文化服务体系，监管到位的文物安全防范体系，保障有力的文物工作支撑体系，努力推动山东文物工作走在全国前列，成为山东"十四五"文物事业发展的行动指南。

（三）新时代文物保护事业实现蓬勃发展

山东把文物保护作为文物事业发展的前提和基础，创造性开展保护工作，在加强重点文物保护方面不断实现新突破。据第一次全国可移动文物普查，山东671家国有可移动文物收藏单位，共登录文物286万余件（套）、实际数量558万余件，居全国第三位。据第三次全国文物普查，山东共登记不可移动文物近5万处，其中3.35万处登录国家数据库，位居全国前列；有世界文化遗产4处（泰山、"三孔"、齐长城、大运河），居全国第三位；全国重点文物保护单位226处，另有合并项目7处，居全国第九位；省级文物保护单位1968处，居全国第一。山东石窟寺及石刻资源数量多、分布广，有石窟寺（含摩崖造像）183处，摩崖石刻、石雕、碑刻等石刻类不可移动文物1.2万余处。

重点文化遗产带文物保护成效突出，文物资源家底进一步厘清。在大运河国家文化公园（山东段），有国家级重要历史文化资源85处，其中列入世界文化遗产名录的遗产要素23个，纳入《中国大运河山东段遗产保护规划》的大运河物质文化遗产128项，全国重点文物保护单位74个，国家历史文化名城4个、中国历史文化名镇1个、中国传统村落4个；有省级历史文化资源681处，其中省级文物保护单位618个，省级历史文化名城4个、历史文化名镇7个、历史文化名村8个、传统村落39个；市、县级文物星罗棋布，遍及运河两岸。在长城国家文化公园（山东段），有长城遗产260处，其中墙体198处、壕堑1处、山险45处、烽火台（烽燧）8处、关7处、堡1处；有全国重点文物保护单位45处，省级文物保护单位198处，革命文物261处；沿线除齐长城世界文化遗产，还有泰山世界文化与自然遗产。在黄河国家文化公园山东段，有世界文化遗产4处（泰山、"三孔"、齐长城、大运河），全国重点文物保护单位150处，省级文物保护单位1087处，国家历史文化名城6个，省历史文化名城6个。在山东海疆文化遗产带文物，有全国重点文物保护单位36处，省级文物保护单位136处，其他文物保护单位1000余处。

文物保护管理全面加强，文物安全长效机制逐步完善。2021年，山东省委、省政府召开全省文物工作会议，省委、省政府及国家文物局主要领导出席并讲话，省、市、县、乡四级一万余人参会，在全国引起强烈反响。全省文物保护工作机制逐步健全，将文物工作纳入国民经济和社会发展规划，纳入领导班子和领导干部考核体系，纳入高质量发展综合绩效评价指标，构建起系统完备的政策体系，"保护文物也是政绩"的理念深入人心，党委领导、政府负责、部门协同、社会参与的文物工作格局日益确立。2016年至2022年，山东共争取国家文物保护资金22.17亿元，省财政拨付省级文物保护资金6.88亿元，有力地支持了文物事业发展。文物保护持续迈出新步伐，山东公布第一批水下文物保护区和全国重点文物保护单位的保护范围、建设控制地带，扎实开展海上丝绸之路、青岛老城区申遗工作，推动济南"泉·城文化景观"列入中国世界文化遗产预备名单。积极对接黄河国家战略、国家文化公园建设等重大战略、重大文化工程，加强重大片区文物保护，"三孔""三孟"、泰山古建筑群、定陶汉墓等重点修缮保护工程顺利推进，山东曲阜孔庙及孔府、青岛八大关预防性保护项目列入全国11项文物预防性保护试点，成为全国预防性保护项目最多的省份。齐长城遗址保护全面加强，实施"红黄绿段"保护管理，开展卫星遥感图斑监测，建设省、市、县三级监管平台，是全国首个一次性将长城保护员全部纳入公益性岗位管理的省份。围绕保障文物安全，全省相继组织开展了文物安全状况大排查行动、文物法人违法案件三年专项整治行动、文物安全百日攻坚集中行动，全面实施"文物安全天网工程"，打击文物犯罪、整顿文物流通市场、排查整治火灾隐患、文物法人违法案件整治等工作有力有效。

（四）革命文物保护利用工作扎实推进

革命文物见证了辉煌的中国近现代革命史，蕴含着优良的红色基因，是中国特色社会主义现代化建设的宝贵财富。山东是革命老区、红色热土，有着光荣的革命历史和革命传统，留下了许多弥足珍贵的实物史料和革命旧址，孕育了伟大的沂蒙精神。近年来，山东省文物战线深入学习贯彻习近平总书记关于革命文物的重要指示精神，坚持守正创新、多措并举、精准施策，统筹推进革命文物系统保护与综合利用，取得明显成效。

加大保护力度，系统构建革命文物管理"保障网"。2020年，山东在全国率先完成对革命文物的调查统计，先后公布两批革命文物名录，认定不可移动革命文物1040处、可移动革命文物19433件（套），数量居全国前列；全省93个县（市、区）入选第二批革命文物保护利用片区分县名单，数量居全国第一位；80处革命旧址公布为第六批省级文物保护单位，一大批爱国主义教育基地、革命旧址保护级别得到提升、保护措施得到加强。全省革命文物保护的宽度、长度和力度不断完善拓宽。召开全省革命文物工作会议，成立由省委省政府分管领导牵头、省直15个部门参加的山东省红色文化保护传承工作协调机制。开展革命事件发生地实景保护，投入资金1.32亿元，对潍县西方侨民集中营旧址、刘公岛黄岛炮台和新四军军部陈毅旧居等一大批重大革命文物项目进行了保护修缮。开展革命旧址险情排查和革命旧址抢险加固工作，完成抢险加固工程57项，革命文物保存状况得到显著提升。在全省广泛开展革命文物实物收集和革命历史人物、亲历者的音视频资料抢救性收集整理，潍坊市征集与乐道院潍县集中营有关历史照片1400余张、藏品350余件（套）、中外文资料书籍102本，采集口述史音视频资料近600分钟；台儿庄大战纪念馆征集到孙连仲后人捐赠的物品1550余件。

丰富形式载体，全面打好革命文物展示利用"组合拳"。充分发挥革命文物在传承红色基因中的重要作用，组织实施建党百年革命文物保护修缮工程，开展"8个100庆祝建党100周年"系列活动，红色故事追述历史系列短视频获评2022年度中华文物全媒体传播精品（新媒体）推介项目，6项特色展陈入选中宣部、国家文物局联合推介的庆祝中国共产党成立100周年精品展览推荐名单。山东省文化和旅游厅在全省遴选100处革命旧址和27处革命博物馆纪念馆，编印《山东省依托革命文物资源开展党史学习教育活动场所》，制作山东革命文物地图，并在"云游齐鲁"平台上线革命文物专区，向全社会推介。从2021年开始，山东连续两年成功举办"红色文化主题月"，全社会广泛参与，推出1300余项主题活动，打造了全新的文化活动品牌。为拓展革命文物教育功能，2022年底，山东省文化和旅游厅、省教育厅联合公布首批45家"山东省中华优秀传统文化、革命文化、社会主义先进文化专题实践教学基地"，成立山东革命场馆与高校融合发展联盟，

26家革命场馆先后与140余家高校结对建立教育教学实践基地，有效推动了革命场馆与高校的深度合作。精心策划推出20条山东省革命文化主题线路，串联起革命文物、革命遗址和革命类博物馆纪念馆，出台《山东省红色文化特色村创建评定管理办法（试行）》，有力推动了100余处革命旧址的保护和展示工作。挖掘利用红色文化资源建成红色旅游景区近百个，2019年以来，累计接待游客2亿多人次，收入超过1000亿元。启动国有馆藏革命文物评估定级工作，公布第二批革命文物名录，出台《全省博物馆、纪念馆十大革命文物陈列展览精品推介办法》，引导革命类博物馆、纪念馆提升展览展陈质量。开展全省革命文物保护利用示范典型案例宣传推介工作，2021年度公布的"五位一体"推进馆藏珍贵革命文物数字化保护利用的新探索等8项典型案例得到《中国文物报》《中国文化报》等多家媒体宣传推介。

延伸阅读

沂南红嫂家乡常山庄村——讲好红嫂故事，赋能乡村振兴

山东省沂南县常山庄村位于沂蒙革命老区，曾是中国共产党领导开展山东抗战活动的中心区域（堡垒村），陈毅，罗荣桓、徐向前、粟裕等老一辈无产阶级革命家在这里战斗、工作过，1942年，山东省第二次青年代表大会在常山庄村召开。沂蒙精神是中国共产党人精神谱系的重要组成部分，"沂蒙红嫂"是沂蒙精神的重要载体。常山庄村是沂蒙红嫂事迹发源地之一，周边涌现了沂蒙红嫂明德英用乳汁救伤员、沂蒙母亲王换于创办战时托儿所以及沂蒙六姐妹组织乡亲烙煎饼、送弹药、救伤员等感人事迹。近年来，常山庄村聚焦沂蒙红嫂事迹，依托革命旧址和闲置院落建设了中国红嫂革命纪念馆，被中共中央党校、山东省委组

⊙ 沂南常山庄村开展青少年红色研学教育

织部等100多个部门和单位确立为党性教育基地，每年前来接受教育的党员干部人数达10万以上。常山庄村与上海戏剧学院合作，推出民间音舞文献史诗剧《红嫂》，在中国共产党成立100周年之际首演，至今已演出十余场，观众近万人次。常山庄村注重青少年研学教育，编制了《中国梦，红嫂情》研学教材，创新开展"六个一"实践教育（吃一顿支前餐、唱一首红色歌曲、听一场红色报告、看一场红色电影、演一次红色实景剧、写一段心灵感悟）。2017年，常山庄村被评为"中国研学旅行教育实践示范基地"。2018年，常山庄村被授予"全国中小学生研学实践教育基地"，每年接待研学旅行学员近4万人次。为擦亮沂蒙红色文旅品牌，常山庄村与沂蒙红色影视基地合作打造红色景区，拍摄400多部红色影视剧，《沂蒙》《我的山河我的血》均取景于此。依托旅游、影视、教育、特产等红色产业，常山庄村及周边村庄2000多名村民实现就近就业、增收脱贫，2020年人均可支配收入超过1.5万元。"千淘万漉虽辛苦，吹尽狂沙始到金"，常山庄村2019年被评为山东省乡村振兴齐鲁样板省级示范区，2020年被评为全国乡村旅游重点村，2021年被评为全省首批红色文化特色村，2022年入选国家文物局《全国革命文物保护利用案例集（2022）》。

（五）文物活化工作不断实现新突破

山东坚持以改革创新推动新时代的文物工作，充分发挥文物工作在传承弘扬优秀传统文化、推动经济社会发展中的重要作用，让文物在保护与利用中"活起来""火起来"。

对接家国家重大战略，实施文物展示利用项目。对接黄河、大运河、长城国家文化公园等重大工程，推动实施济宁河道总督府遗址、齐长城定头崖西山段、铁门关遗址等文物展示利用项目。对接乡村文化振兴，深入挖掘乡村文物资源的文化内涵与时代价值，积极推进全省"乡村文物保护利用进村居"，建立乡村文物展示馆，丰富乡村游文化属性。对接文化旅游融合高质量发展，一大批文保单位、遗址遗迹、文博场馆、古镇古村纳入旅游线路，对外开放省级以上文物保护单位1180处，其中建成景区并开放620处，促进了文物和旅游相互赋能。对接国家文物保护利用示范区创建要求，制定《山东省文物保护利用示范区建设方案》，推出沂南县"沂蒙精神"、昌邑市"渤海走廊"等10个省级文物保护利用示范区。

勇担新时代文物事业发展使命任务，实施博物馆高质量发展工程。全省建成各类博物馆735家，其中国有文物文化类博物馆190家、国有行业类博物馆102家、非国有博物馆443家，博物馆总量、一二三级博物馆数量、革命纪念类博物馆数量、非国有博物馆数量等6个指标均居全国第一，形成以国有博物馆为主体、非国有博物馆为补充的类别多样、充满生机活力、富有山东特色的博物馆体系。全省博物馆展览质量显著提升，"十三五"期间，全省博物馆举办各类展览3万余个，举办文物境外展53个，展览文物总数1000余件（组），成为展现山东形象的"金名片"。其中，"衣冠大成——明代服饰文化展"荣获全国博物馆十大陈列展览"精品奖"，"大哉孔子"荣获"优胜奖"，"黄河之水天上来——历代黄河舆图展"等8项展览获国家文物局主题展览推介，

"海岱朝宗——山东古代文物菁华展""高山景行——孔子文化展"等在中国国家博物馆展出，产生良好反响。博物馆公共文化服务途径持续创新，在全国率先建设"山东数字化博物馆"，与新华网共建"5G富媒体+文博联合实验室"，与中国电信山东分公司签署"5G+博物馆"合作框架协议，上线全国建设最早、体量最大、功能最全的可移动文物数据库综合服务平台——"文物山东"，通过网上展览、在线直播、网络公开课等方式为民众提供优质数字文物展览和服务，成为"全国文物资源大数据库建设"4个试点省份之一。博物馆成为公众的"第二课堂"，"十三五"期间，全省博物馆年均举办3万余次教育活动，建成全国和全省博物馆中小学研学基地21家，200余家博物馆依托馆藏资源开发融入山东元素、适应旅游发展、满足多样化消费需求的文创产品共计5600余款。

依法保护历史文脉，建设历史文化名城名镇名村。2019年，山东出台《山东省历史文化名城名镇名村保护条例》，对历史文化名城、名镇、名村的保护范围、保护规划、申报条件和程序、保护和利用管理措施、法律责任等方面作了规定，为创建工作提供了科学指导。目前，山东曲阜、济南、青岛、聊城、邹城、临淄、泰安、蓬莱、烟台、青州等10座城市入选国家历史文化名城，济宁、淄博、潍坊等10座城市获评省级历史文化名城，另有中国历史文化名镇4个、中国历史文化名村11个，充分体现了山东的历史文化底蕴。历史文化名城已经成为山东塑造城市特色风貌、带动城市高质量创新发展的新引擎。

> **延伸阅读**
>
> **全国文物职业技能竞赛**
>
> 国家文物局于2018年、2021年在曲阜市两次举办全国文物职

业技能竞赛。2021年全国文物职业技能竞赛以"保护文化遗产 弘扬工匠精神"为主题，来自19个省份的152名选手参加古建筑木作、古建筑瓦作、古建筑彩画作、瓷器文物修复、书画文物修复、考古勘探6个项目的竞赛，每个项目均设置理论考核和实际操作两个环节。山东4名选手分别在古建筑木作、古建筑瓦作、古建筑彩绘作、考古勘探等4个组别获一等奖，4名选手在古建筑瓦作、古建筑彩绘作、书画文物修复、考古勘探等4个组别获二等奖，山东省文化和旅游厅（省文物局）获优秀组织奖，曲阜市三孔古建筑工程管理处获特别组织奖，山东省获奖数量、奖项等级均居全国首位。

三、推动非物质文化遗产活态传承

非物质文化遗产凝结着人类文明的精华，是人类文明多样性最直观的展现。保护传承非物质文化遗产，对于继承和弘扬中华民族优秀传统文化、促进社会主义精神文明建设具有重要意义。山东作为非遗资源大省，长期以来始终坚持"保护为主、抢救第一、合理利用、传承发展"的非遗工作方针，贯彻见人见物见生活的生态保护理念，以产业发展带动保护传承，推动非遗连接时代生活，不断绽放新活力新风采。

（一）非遗保护工作基础不断夯实

非遗名录体系不断健全。对非遗资源进行调查、认定、记录、建档，是非遗保护工作的基础。山东持续开展全省非遗资源调查，累计普查各类非遗线索120多万条，积极推动具有重大历史、文学、艺术、科学价值的非遗项目申报联合国教科文组织人类非遗代表作名录和国家级非遗名录，组织评选省、市、县级非遗，让一批珍贵、濒危、具有重要价值的非遗项目得到有效抢救和保护。全省现有联合国教科文组织认定的"人类非遗代表作名录"项目8个,国家级名录186项(数量居全国第二位),省级名录1073项,市级名录4121项,县级名录12758项;现有国家级传承人88名,省级传承人424名,市级传承人2553名,县级传承人8025名。

非遗保护制度体系不断完善。山东在全国较早颁布了《山东省非物质文化遗产条例》,印发《山东省非遗项目代表性传承人认定和管理办法》。2022年,山东省文旅厅会同省委组织部、省委宣传部等22个部门联合出台《关于进一步加强非物质文化遗产保护工作的若干措施》,提出关于打造山东非遗保护特色品牌、健全非遗保护传承体系、提高非遗保护传承水平、加大非遗传播弘扬力度、强化各项保障措施等方面的20条措施,进一步提升了山东非物质文化遗产的系统性保护水平。

(二)非遗服务大局能力不断增强

积极推动非遗保护融入国家重大战略。为贯彻落实黄河流域生态保护和高质量发展战略、《大运河文化保护传承利用规划纲要》,山东印发《关于推进黄河流域、大运河沿线非遗保护传承弘扬的实施意见》《山东省黄河沿线非遗保护传承弘扬专项规划》,创新举办"河和之契:2021黄河流域、大运河沿线非遗交流展示周",推动山东黄河、大运河沿线非遗生生不息、薪火相传。为推进长城国家文化公园(山东段)建设,山东全面加强齐长城非遗资源普查,建立了齐长城沿线非遗名录,并通过建设"齐长城数字非遗计划"网站展示齐长城沿线各种非物质文化遗产精华。

大力推动文化生态保护区建设。非遗传承是以人为本、以生活为归宿的活态实践,保护非遗就要连带保护好非遗的生态空间。为促进非遗区域性整体保护,山东积极融入国家推进文化生态保护区建设规划,推动齐鲁文化(潍坊)生态保护区成为首批国家级文化生态保护区、潍坊成为世界"手工艺与民间艺术之都"。全省文化生态保护区培育力度不断加大，2021年，制定实施《山东省省级文化生态保护区管理办法》，新评选黄河文化（东营）生态保护实验区、泉水文化生态保护实验区、孙子文化（惠民）生态保护实验区3个省级文化生态保护实验区，山东省级文化生态保护实验区数量达到13个，其中黄河流域、运河沿线生态保护区就有10个。

非遗助力乡村振兴取得新突破。按照中央关于扶贫脱贫、推动乡村振兴战略部署，山东制定《山东省"非遗助力脱贫、推动乡村振兴"工程实施方案》，开展传统工艺振兴行动，推选省级"非遗助力脱贫、推动乡村振兴"典型乡镇60个，认定非遗工坊574个，让一批扎根乡间的非遗项目成为群众富口袋的好帮手。

延伸阅读

齐鲁文化（潍坊）生态保护区

2010年11月，潍坊市全境经原文化部批准设立为国家级潍水文化生态保护实验区。2019年12月，经文化和旅游部验收评审，潍水文化生态保护实验区正式更名公布为齐鲁文化（潍坊）生态保护区，是全国首批国家级文化生态保护区之一。齐鲁文化（潍坊）生态保护区融农耕文化、渔盐文化、手工文化和商贸文化于一体，承载着世界风筝都、中国画都、金石之都、世界手工艺与民间艺术之都、东亚文化之都等特色文化旅游品牌。保护区内现有联合国教科文组织认定的人类非遗代表作名录项目2项（诸城派古琴、高密剪纸），国家级非物质文化遗产代表性项目17项，省级代表性项目99项，市级代表性项目427项，县级代表性项目1793项，中国民间文化艺术之乡4处，省级民间文化艺术之乡14处，国家级非物质文化遗产生产性保护示范基地1个，省级非物质文化遗产生产性保护基地7个。保护区成立以来，坚持非遗融入现代生活、融入现代文创产业、融入公共文化服务体系的建设理念，开展了"非遗在社区"、"1441"非遗保护模式、"非遗合伙人计划"等一系列创新实践，入选黄河十大精品旅游线路之黄河非遗之旅，成为展示潍坊形象的重要标识。

（三）非遗保护能力显著提升

推动非遗传承方式创新。山东根据非遗特点和存续状况，对非遗分类开展生产性、创新性、抢救性保护，推动17个项目列入国家首批传统工艺振兴目录，公布了首批89个山东省传统工艺振兴目录，对63名70岁以上国家级非遗项目代表性传承人进行抢救记录。创新实施"山东手造"推进工程，建成各类非遗专题博物馆261家、非遗传承场所1000多个，培育非遗企业和经营业户120多万个，直接从业人员400余万人，推出"山东手造"特色产品5300多个，实现年产值1600亿元，推动非遗保护传承工作高质量发展。非遗数字化发展提速，高标准建设山东省非遗数字管理平台、设计研发平台，线上线下互动举办山东非遗购物节、视频直播家乡年等活动，搭建起非遗传统与现代的桥梁。

加大非遗传播普及力度。中国非物质文化遗产博览会永久落户山东济南，至今已成功举办7届，成为我国非遗展销最重要的平台。山东着力推动非遗代表性项目配套改建、新建传承体验中心，形成包括非遗馆、传承体验中心（所、点）等在内，集传承、体验、教育、培训、旅游等功能于一体的传承体验设施体系。2022年11月，临沂市公布临沂市非遗研学旅游基地名单，郯城县红花镇中国结博物馆等26家单位入

⊙ 潍坊非遗老猫花灯深受游客喜爱

选。全省持续开展"文化和自然遗产日""山东省非物质文化遗产月"等系列非遗展演展示活动，开展年度山东省非遗保护十大亮点工作、十大模范传承人的评选活动，带动全社会的非遗关注度显著提高。

壮大非遗传承队伍。全省3个国家级、6个省级非遗传承人研培院校共举办60余期培训班，直接培训3000多人，延伸培训23000多人，非遗传承队伍整体素质稳步提升。潍坊市实施非遗人才培养计划，推广带头人制度，通过评先树优和经费扶持，鼓励乡村非遗项目带头人进行技艺传承、技术培训，以培训、竞赛等方式推动非遗队伍职业化发展，目前已经培养生产经营人才和技术骨干6000余人，共有国家级传承人7名、省级54名、市级353名、县级1724名、从业者10万余名，构筑起阶梯式人才培养机制。

加强非遗研究。山东大学在全国率先设立非遗研究院，全省认定37所高校、科研院所为省级非遗保护研究基地，设立国家非遗展览展示研究中心齐鲁（邹城）展示基地，编辑出版了五卷《山东省省级非物质文化遗产代表性项目名录图典》，为非遗保护传承提供了重要理论支撑。

中国非物质文化遗产博览会

为促进非物质文化遗产生产性保护，使非物质文化遗产保护和传承融入当代、融入大众、融入生活，文化和旅游部、山东省人民政府主办中国非物质文化遗产博览会。中国非物质文化遗产博览会每两年举办一届，2010年至2022年已举办七届，自第四届开始永久落户山东济南。中国非物质文化遗产博览会采取"政府主导、社会参与、市场运作"的方式，以适合生产性保护的非物质文化遗产项目的展览、销售为重点，邀请全国各省（自治区、直辖市）省级以上的非物质文化遗产项目、部分省级以上非物质文化遗产项目代表性传承人参展、参演，采取实物展示、销售、图片展览、多媒体演示、代表性传承人现场制作等形式，充分展示非物质文化遗产的独特魅力，促进非物质文化遗产保护与经济社会协调发展。第七届中国非物质文化遗产博览会于2022年8月25

⊙ 2020年10月23日，第六届中国非物质文化遗产博览会在济南国际时尚创意中心开幕

日至29日开展，设有党的十八大以来全国非遗保护成果展、大运河沿线非遗展、非遗助力乡村振兴展、中国传统制茶技艺及其相关习俗展4个版块，全国各地共有332名非遗传承人、284个非遗项目参展。

第六章　守正创新激活力

——促进中华优秀传统文化赋能文化繁荣发展

　　泰山巍峨，黄河九曲，俯仰于山河之间的齐鲁大地，身披灼灼千万年风华，从历史深处飒沓而来，孕育出东夷文化、大汶口文化、龙山文化、儒家文化、黄河文化、沂蒙文化……这是一片钟灵毓秀的土地，思想在此间激荡、文艺在此间璀璨、智慧在此间交织，而这所有一切，在岁月中积淀蓄力，奠定了山东"人文沃土可以深度耕作"的比较优势。

　　"根本固者，华实必茂；源流深者，光澜必章。"千年的积淀磅礴迸发，是自信，更是自强。如今，中华优秀传统文化正通过创造性转化、创新性发展，在齐鲁大地焕发出勃勃生机。"山东手造"守艺蝶变，数字文化浪潮涌动，文旅融合深度推进，文艺创作精品迭出。打造文化"两创"赋能文化繁荣发展的新标杆，是山东作为文化大省的使命与担当。

一、推进"山东手造"工程

　　"山东手造"是山东省为推动中华优秀传统文化创造性转化、创新性发展打造的重点工程。"山东手造"依托非遗或传统工艺，通过创意新造，构建符合现代社会审美趋势，体现山东文化创意和齐鲁文化内涵，能够满足新时代人民群众个性化、品质化、情感化消费需求的手造产品体系，旨在发挥山东文化资源丰厚的优势，打造传统手工艺区域公用品牌，培育手造产业，推动全省文化创意产业高质量发展。

　　作为齐鲁文化的现实载体，"山东手造"中包含丰富的文化赋能元

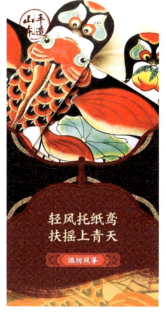

⊙ 山东手造——济南面塑　　⊙ 山东手造——潍坊风筝

素。一件件精美的手造作品中，既包含有形的文化符号、文化形象，也蕴藉着无形的文化思想、美学风格、工匠精神等。发展手造产业，对推动传统手工艺保护传承、更好地满足人民群众美好生活需求、全面助推传统产业升级具有重要意义。蕴含文化基因、承载时代精神的"山东手造"，正成为推进优秀传统文化"两创"的强引擎。

（一）实现中华传统工艺活态传承

传统手工艺是活的文化，相比于对传统文物的静态保护与传承方式，属于非遗的传统手工艺项目只有置身于人民群众的生产生活实践中，不断适应社会发展进步的需要，才有永续传承的意义与可能。"山东手造"通过对传统手工艺的活态传承，为中华传统工艺振兴再启新篇，让黯淡在时光里的手艺、湮没在广阔大地上的遗产，都"活"了起来。

开展资源普查，摸清手造家底。山东是文化大省，也是非遗大省、工艺大省。从数量来看，山东拥有联合国教科文组织认定的人类非遗代

135

表作名录项目8个、国家级非遗名录186项、省级非遗名录1073项、市级非遗名录4121项、县级非遗名录12758项，总量居全国前列。从地域来看，山东16市皆拥有多个非遗及传统手艺项目。"山东手造"推进工程实施以来，优先开展全省范围内非遗及传统手工艺资源的普查。省、市、县各级层层深入，挖掘本地区丰富的非物质文化遗产和传统手工艺项目，梳理、筛选后分门别类建立项目库，对入库手造项目进行常态化评估和动态管理，做优存量、做强增量，持续扩大项目体量规模。丰厚的资源家底，为"山东手造"提供了强大支撑。

注重文化阐发，讲好手造故事。传统手工艺是历史文化的具象表达。一锤一凿，一针一线，于方寸之间包蕴大千世界，凝聚着祖祖辈辈手工艺人的匠心，浸润着一方水土的风俗人情，映射了数千年来人民生活生产方式的变迁。"山东手造"不是只把手工艺品当作"物件"，而是立足文化根基、深入解读传统，讲述手工艺背后的故事，展现传统文化的感染力，找寻文化遗产与时代发展的契合点，让文化穿越时空、润泽当下，彰显"山东手造"的匠心和品质。

坚持融合创新，点亮生活美学。"山东手造"以创意新造作为推动传统手工艺传承与发展的内生动力，通过链接国内外的高端创意设计资源，把优秀传统文化元素与现代化的生产技术、现代化的应用场景、现代化的审美情趣结合起来，打造既实用又充满设计感的手造产品，使传统手工艺告别束之高阁的收藏属性，更好地为美好生活服务，满足新时代人民群众个性化、品质化、情感化的消费需求。手工艺产品与人民群众的生活实践本就具有天然的联结，而更好地参与可感可知的日常生活也是"山东手造"未来重要的发展方向。

（二）打造"山东手造"品牌

品牌是一种重要的文化标识，具有巨大的潜在增值效应。"山东手造"是山东省委宣传部依托老字号、传统工艺等项目，打造的传统手工艺区域公用品牌。在这个"金字招牌"引领下，各地市纷纷结合地域文化特色，推出自己的手造品牌，如齐品淄博、潍有尚品、匠心枣庄、青岛有礼、礼遇泰安等等。同时，"山东手造"品牌还被纳入"好品山东""好客山东""美德山东""好人山东"品牌体系，"山东手造"品牌传播力、吸引力、影响力不断扩大。

建立"山东手造"标准体系。开展"山东手造·优选100"评选活动，以"新手造 新生活 新产业"为理念，分美术绘制、织造印染、雕刻工艺、编织扎制、烧制锻造、漆器绘制、文房四宝、美食消费8个门类，遴选出在文化传承基础上突出创意和功能化、迎合当下市场需求的企业，充分发挥其示范带动作用，引领手造产业品牌化、产业化、品质化发展。在此基础上，编制标准体系，分行业、分领域制定专项标准，经认定符合相应标准的"山东手造"产品，纳入"好品山东"品牌体系。加强知识产权保护，构建"第三方评价"和"企业自我声明"相结合的"山东手造"公用品牌评价机制。

抓好示范引领。高标准建成"山东手造展示体验中心"，引入全省手造精品和国内头部手造品牌，打造集展销、研发、会展、孵化、研学、休闲为一体，可看、可购、可玩、可体验的手造"网红打卡地"，并辐射联动、一体谋划周边济南老城历史文化街区，构建线上引流展示、线下体验参与的文旅融合发展示范区。以山东手造展示体验中心为样板，各市各县（市、区）相继打造各具特色的手造中心。2022年9月，第三届中国国际文化旅游博览会暨首届中华传统工艺大会在山东济南举办，该届博览会以"博览中华手造 共享文旅盛会"为主题，设置中华手造、沿黄手造、运河手造、国际手造、山东手造、山东手造乡村振兴、中华手造大集等7个手造展区，举办了中华手造发展峰会、首届"振兴传统工艺·鲁班杯"大赛颁奖典礼、2022中国文化产业高质量发展峰会、大河匠心——首届沿黄传统工艺高峰论坛等系列活动，促进手造产业发展形成大格局、大融合、大品牌。

强化宣传推介。"山东手造"通过报纸、电视、新媒体等多种形式进行全方位、多维度普及宣传，持续推出系列主题报道和新媒体产品，设专栏、推专题、作专访，推介传统手工艺项目、手造领军品牌和优秀手艺人，全社会关注手造的热度大幅提升。全网声量（微博、微信、客户端、网站、论坛、视频、数字报等）每月均居山东省公共品牌网络传播影响力指数榜单前十位，充分展现了"山东手造"的品牌影响力及互联网时代巨大的发展潜力。

延伸阅读

山东手造展示体验中心

山东手造展示体验中心项目（以下简称"项目"）位于济南市泉城路核心商圈，是山东省倾力打造的集"山东手造"销售、研发、会展、孵化、研学为一体的手造产业园。项目总建筑面积约5.4万平方米，1层到4层分别以"手造精品""齐鲁手造""手造会展""手造研学"为主题，引进沿黄九省手造产品展销区、上海手造街"上手商店"、C20城市文创·齐风鲁韵等中华手造领先力量，汇聚"山东手造·青岛有礼""山东手造·匠心枣庄"等全省16市手造展

示营销窗口，引入山东工艺美院"工美手造"等艺术类院校原创手造品牌。在重点打造的16市手造展示营销窗口，围绕山东省内16市手造精

⊙ 山东手造展示体验中心

品与手造文化故事，再现了山东往昔市井生活和商业场景，形成沉浸式、体验式的手造展销氛围。项目重视全客群覆盖，既有年轻人喜爱的上海手造、工美文创、手造元宇宙的业态，也有家庭客群和孩子喜爱的手造研学、手造剧场、手造百工课程等业态和内容，还有受资深爱好者关注的大师工坊、大美华服等行业引领性业态。

项目自2022年9月15日启幕开馆以来，迅速成为泉城打卡新地标，仅2023年农历小年到元宵节期间，就创下待客25万人次的新流量记录，手造之旅火速出圈。山东手造展示体验中心以琳琅满目的手造精品和丰富多彩的体验活动为载体，开创了体验式、休闲式、沉浸式的全新商业模式，成为推进文化"两创"、引领山东文化创意产业发展的新高地。

（三）汇聚文化产业新动能

传统手工艺是具有生产属性的文化，发扬其生产性，使之在今天的文创经济、制造经济中找到衔接点和发力点，是发展的需要。打造"山东手造"品牌，绝不是简单地将非遗或传统工艺捡拾起来，而是要深入挖掘手造的产业价值，通过市场化运作方式，让传统手工艺为经济社会发展做出更多贡献。如今放眼山东，手造产业与其他实体经济有机融合的态势已经形成。"小而美"的传统手造，正在一步步发展成"大而强"的现代产业。

聚焦市场开拓。成立山东手造投资运营集团有限公司，建设手造街区、手造集市，力推"山东手造"进高速服务区、进景区、进商超、进酒店、进书店、进学校、进非遗工坊，推出系列手造研学线路。搭建山东手造网上展销平台，涵盖手造大数据、线上交易、数字展馆、新媒体矩阵等版块，数字赋能设计方、生产方、销售方，在天猫、京东和"好客山东 云游齐鲁"平台打造"山东手造旗舰店"。扩大出口创汇，充分发挥国家文化出口基地的集聚、引领和辐射作用，培育文化出口企业，建设国际文化交易平台，助推优秀手造产品"破圈出海"，带动文化贸易高质量发展。截至2022年底，全省认定692个带动群众就近就地就业的非遗工坊，在513个高速公路服务区、景区、商超、文明实践中心、酒店等搭建起"山东手造"展示销售专区，有出口实绩的手造企业达3800余家，国家级重点文化出口企业数量和文化产品进出口额均居全国第三位，博山陶琉、临沭柳编等出口基地年创汇额均在20亿元以上。

> **延伸阅读**
>
> ### 国家文化出口基地
>
> 在山东自贸区济南片区国家文化出口基地，采取"政府指导、企业主导、中外合作"模式，融合"线上+线下"资源，搭建文化"出海"全链条服务体系，打造"海外文化中心+跨境电商+海外仓"文化出海新通道。自2021年9月设立以来，吸引500多家中小文化企业集聚发展，帮助4000多家非遗工坊和文化中小企业开展文化产品研发和海外市场推广。
>
>
>
> ⊙ 山东自贸区济南片区国家文化出口基地

在淄博博山国家文化出口基地，以产业园区为支撑，搭建文化贸易平台，通过组织企业参加国际性展会、举办特色节会、深化产学研合作体系建设等举措，推进高水平文化交流和贸易合作，积极培育手造外贸自主品牌。截至2022年8月，基地已经集聚文化出口企业158家，企业申报各类专利178件，建立了陶琉艺术大师工作室103家，琉璃产品占全国市场份额的60%以上。

助力乡村振兴。将"山东手造"与乡村振兴深入结合，实施"一村一品牌、一村一特色"，培育一批以手工制作为主、技艺精湛的乡村能工巧匠，支持手造企业、合作社和带头人设立"山东手造"非遗工坊、创客基地，形成一大批手造专业乡镇、村庄。"山东手造"日益成为助力农民增收致富的新增长点，带动实现社会效益与经济效益的"双赢"。近年来，安丘市聚焦非遗技艺传承和发展，培育农产品手造企业30余家，年销售额达20亿元，带动周边群众就业1万人以上。在潍坊高密市曹疃村，非遗传承人禚元兴带动村民从事柳编生产，年产量超80万件，产品经过电商平台销往全国各地，年交易额突破300万元，成功带动了当地村民致富。

突出龙头带动，形成产业集群。结合省内手造产业分布情况，突出龙头带动作用，培育壮大区域优势产业项目，从研发设计、生产制作、配套服务、营销推广、品牌打造等方面进行扶持，推动资源、要素向区域优势手造产业集中，解决手造产业多点分布、零星发展等问题，做大产业集群。在山东青岛，8大手造重点产业已颇具规模，涉及草编、刺绣等多个门类，总产值达上百亿元，手造产业赋能乡村振兴和文化产业的成效初显。在山东潍坊，"潍坊风筝""郎部吉他""梦金园珠宝"等

⊙"山东手造"潍坊风筝

手造品牌日益响亮，并形成年交易额500亿元的黄金珠宝加工、年交易额20亿元的风筝制作、年交易额10亿元的吉他制作等产业集群。

发挥融合效能，培育全产业链模式。发挥"山东手造"的融合发展效能，整合上下游，打通设计、研发、生产、人才培训等全产业链要素，将手造产品由初加工、低附加值向产业链、价值链中高端转变，将单一的传统工艺产业转向多元的手造文化产业，形成串珠成链、互联成网的产业发展生态。"青岛手造街"是在青岛市委宣传部指导下打造的手造产业融合平台，打通了手造产业上中下游全链条资源，上游汇聚手造企业、非遗传承人、手造从业者、文旅园区开发商等手造相关人群，中游聚集手造艺术品、非遗好物、文创设计产品等资源，下游提供产、销、研、展示、宣传等渠道和整合服务。通过跨区域、跨领域的手造全产业链资源整合，手造街平台在促进优质手造产品实现产业化转型，助力培育特色手造产业品牌方面，提供了全新轻量化发展模式和传播模式。

二、实施"数字文化"工程

在孔子博物馆，通过30多米的数字动态长卷与孔子圣迹图互动；在青岛中山路，乘坐沉浸式光影巴士感受百年老街的沧桑变迁；在济南美术馆，置身画中领略宋代一日鹊华秋色……优秀传统文化与数字技术的"双向奔赴"，正在让更多优质文化产品和美好文化体验成为现实。

中华文明具有突出的包容性和创新性，中华文化的内涵随着时代的发展而不断丰富。在数字时代，中华优秀传统文化与科学技术的融合既是时代浪潮大势所趋，亦是文化"两创"的必然要求。

近年来，山东省深入贯彻落实国家文化数字化战略，抢抓文化产业数字化发展机遇，在数字文化建设方面始终走在前列。今日的山东，数字文化发展脚步愈加坚定——制定一系列配套政策措施，《山东省"十四五"数字强省建设规划》对全省文化数字化建设进行了战略部署，《山东省文化数字化行动计划》为全面推进"数字文化"工程作出总体规划；数字基础设施建设泛在领先——部署了全球首张5600公里确定性网络，建成济南、青岛全国唯一双枢纽的国家级互联网骨干直联点，32万公里长的广播电视光缆遍布齐鲁大地；数字文化应用前景广阔——作为出生和常住人口双过亿省份，山东省拥有超过7000万网民，2022年山东数字经济总量突破3.9万亿元，数字经济占GDP比重达45%，产业数字化指数全国第一，数字消费业态不断升级。立足传统，逐梦未来，数字生活的美好图景，正一步步在山东成为现实。

┌─ **延伸阅读** ─

济南、青岛国家级互联网骨干直联点

2022年5月，济南、青岛国家级互联网骨干直联点建成开通，山东省成为全国唯一一个拥有2个国家级直联点的"双枢纽"

⊙ 济南、青岛国家级互联网骨干直联点建成开通

（一）大数据推动文化资源转化

文化资源的数字化转化是数字时代对文化资源实现深度开发的基础性工作。数字技术的应用，改变了传统文化一直以来依附于实体的传承方式。通过摄影、扫描、捕捉、录音等数字化采集方式，借助先进设备对文化实体信息进行记录、建档，再利用计算机软件进行处理加工，最终实现文化资源的数字化存储，这不仅有利于优秀传统文化的资源整合和保护传承，还有利于通过科学地开展数据检索、数据管理、数据加工等工作提升优秀传统文化的价值阐发与转化应用。近年来，山东省在文化数据库及公共文化服务数字化平台建设方面不断发力，实现了海量文化资源的数字化转化，打破了时间与空间的限制，实现了在线阅读、有声阅读、云观展、云演艺等等数字化公共文化服务。在数字云端游目骋怀，一个可听、可感、可观、可赏的数字齐鲁隐约可见。

建设山东文化数据库。充分发挥公共图书馆、文化馆、博物馆、美术馆、非遗馆等各级公共文化机构及高校的作用，推进常态化文化资源数字化转化，对各种馆藏文化资源进行高精度数据采集，标注、解构和重构其中蕴含的中华元素和标识。建设山东文旅融合数据库、山东融合出版数据库等行业数据库，以及山东古籍数据库、山东广电音视频数据库、山东报刊影像数据库、华服设计资料库等专题数据库。按照统一标准，开展文化资源科学分类、规范标识和文化数据关联工作。如山东省图书馆现有"山东省图书馆藏永乐大藏经全文数据库""山东省图书馆古籍珍本数据库""山东省古籍特色图书馆——易学古籍数据库""馆藏红色期刊缩微文献数据库"四个特色文献数据库；山东博物馆建设了"山东省革命文物数据库"。各地市立足地方文化特色，数据库建设工作开展得有声有色：济南市图书馆建设了"李清照专题文献资源库"和"济南名泉资源库"；青岛市图书馆建设了"馆藏民国文献书目数据库""青岛地方特色古籍数据库""古代涉海文献信息库"等。

建设公共文化服务数字化平台。整合全省文化资源，打破信息壁垒，建设互联互通的数字平台，提升公共文化服务数字化水平。山东省图书馆建设的"山东文化记忆"数据平台，分为地方历史文化、民俗民间文化、红色文化、海疆文化、特色文献、图书馆讲座六个版块，整合了山东近代建筑多媒体资源库、山东历史人物资源库、山东地方戏揽萃、山东民间手工艺、山东地方文献数字图书馆、山东文史资料专题数据库、齐鲁旧影数据库等二十余个数据库。山东智慧图书馆云平台打通全省图书馆文化资源，通过统一入口，为读者提供一站式文化数字服务。由济南市博物馆打造的"济南数字博物馆平台"，拥有3D藏品700余件、文物数据5万余条、高清文物图片接近2T，保障了藏品保管、展览、文创、青少年活动等各项功能的实现。

（二）高科技焕新文化内容呈现

文化生产领域的变革总是与科技进步息息相关。随着新一轮科技创新和产业革新加速推进，5G、大数据、云计算、VR（虚拟现实）、AR（增强现实）、人工智能、区块链、元宇宙等新技术迭出，为数字文化内容生产开辟了广阔空间。从书籍、影视剧、动漫、游戏到各类数字文化场景应用，文化"两创"成果更多地融合数字化手段、技术、应用进行展示。在一块块电子屏幕上，传统文化变得轻盈、时尚、触手可及。虚拟与现实交相辉映、数字与文化深度交融，这种鲜活生动的"文化供给"正是新时代文化繁荣发展的生动注脚。

数字文化创作活力迸发。山东省高度重视数字文化内容创作，在政策、技术、宣传推介上给予帮助扶持，创作活力不断涌流，推出一系列以历史文化、地方特色文化为主题的原创数字文化产品，用新颖的技术与形式展现了中华优秀传统文化的永久魅力和时代风采。由山东广播电视台齐鲁频道重点打造的新媒体短视频项目《苏小妹》，深耕传统文化并融入时下社会热点，巧妙地将传统文化元素与"国潮风"二次元卡通形象联动，通过网络化话语方式讲述传统文化，是一款兼具文化性、知识性、娱乐性的网络视听产品，目前已更新107期，全网播放量超2.55亿次。青岛平度市深挖"二十四节气"文化内涵，打造"节气小精灵"IP，广泛应用到衍生产品开发、城市美陈、产业项目等领域，成功入选首届全球数字贸易博览会。以二十四节气小精灵为载体打造的52集动画连续剧《节气小精灵》获评2022年第四季度优秀国产电视动画片，并成功"出海"到"一带一路"沿线国家。

数字藏品开发方兴未艾。数字藏品是指使用区块链技术，对应特定的作品、艺术品生成的唯一数字凭证，在保护其数字版权的基础上，实现真实可信的数字化发行、购买、收藏和使用。数字藏品可以包括数字图片、音乐、视频、3D模型等形式，具有价格亲民、收藏便民等优点。数字藏品对于文物资源的保护与展示具有重要意义，也是传播优秀传统文化、活化文化IP的有效手段。泰山景区深挖泰山文化的丰富内涵和时代价值，摸清各类资源家底，制定开发规划，现已开发、发行7期24款数字藏品，包含"五岳独尊""风月无边""龙腾岱庙坊""泰山神启跸回銮图"等标志性景观。山东省艺术研究院以济南皮影戏《西游记》剧目中7个经典角色为蓝本，推出首款AI人工智能打造数字皮影藏品，呈现出数字技术与国潮文化的惊艳跨界。

数字文化体验竞新斗巧。如今，多维互动式的文化体验正慢慢成

⊙ AI人工智能打造数字皮影藏品

为人们喜闻乐见的文化感知方式。运用数字修复、虚拟现实、多媒体互动、声光电等手段再现传统文化的具象场景，能够拉近人们与中华优秀传统文化的空间距离，通过文化的立体重构与生动演绎，增强人与场景与文化的交互，加深文化价值内化。在曲阜"三孔"景区，只需要戴上MR（混合现实）眼镜，景区的实景就叠加了虚拟数字内容，"孔门十哲"之一的宰予化身动漫形象"宰小予"，为游客讲述祭孔大典、万仞宫墙、杏坛讲学、十三碑亭等历史典故和渊源。在济宁尼山圣境，大型礼乐表演《金声玉振》，取材于《礼记》《周礼》《仪礼》等典籍，展现了圣贤君子由凡入圣的过程，将诗、乐、舞等中国古典艺术形式与当代前沿的舞台装置、高空机械、全息影像和声光电等手段相结合，让观众沉浸式体验传统与现代交织的礼乐文化洗礼。

数字文化场景应用蔚为大观。将数字文化与会展、演艺、文旅、文创、购物等业态融合，能够催生更多的新场景、新模式，这是数字技术变革与文化产业深度融合的重要着力方向。"好客山东 云游齐鲁"智慧文旅平台项目融合全省16市文旅资源，具备全景VR、智慧导览、旅游攻略、非遗手造发放等30余项功能，主要文旅企业、文博场馆可进行全方位展示，用户轻点手机，便可穿越千年风雅的齐鲁文旅"元宇宙"。魔法未来（山东）数字科技有限公司利用业界领先的虚拟数字人制作技术，以古代诗人李清照为原型打造的虚拟数字人"易小安"，不仅能主持演讲，还能借助可穿戴智能设备与现场观众互动。在青岛中山

⊙ 2023青岛数字文化应用发展大会上的虚拟数字人展示

路，裸眼3D大屏、教堂光影秀、城市记忆馆、青岛小嫚等线上线下虚实融合的数字化手段，赋予百年老街全新的时尚活力，为全国历史文化街区的保护更新提供了全新视野和宝贵经验。

（三）"山东智造"引领数字文化产业提档升级

立足"山东智造"，山东坚持数字化引领，选树一批重大应用项目，培育一批新型文化企业，延长数字文化产业链条，着力构建"产业集群＋领军企业＋特色园区"的产业生态，更好地推动文化资源优势转化为产业优势、发展优势、竞争优势。

支持数字文化关键技术研发与平台建设。数字经济时代，算力、算法、数据是核心生产力。山东超前布局数字化发展格局，正以济南高新区为中国算谷发展核心区，以算谷科技园、产业园为新建核心载体，以浪潮集团、国家超算济南中心和济南量子技术研究院为算力支撑，以齐鲁软件园、数字经济产业园、量子谷等园区为依托，聚力打造全球算力产业的新高地，成为数字文化发展强有力的技术支撑。同时，推进数字文化平台建设，建造人工智能实验室、广播电视智能应用实验室等数字文化领域国家级实验室，打造数字文化产品交易平台。2023年4月，在青岛举办了全国首届数字文化产品交易博览会，是首个专注于数字文化产品交易的全国性平台，促成需求方、供给方、研发方、生产方和营销方五方协作，形成更好的数字文化市场。

激发传统文化产业新动能。数字产业被称为"第四产业"，它与传统产业领域的深度融合，是实现高质量发展的重要支点。借力山东省雄厚的工业基础和数字技术储备，"山东智造"与"山东手造"携手共进，赋予传统手造产业新的形式和内涵，涵盖数字化研发、智能化制造、新媒体传播等方面，全行业已有100余个品种实现数字化转型。淄博汉青陶瓷是一家专注于日用陶瓷生产的企业，2019年来，创新引入3D打印、机器视觉算法等技术手段，建成以智能窑炉为核心的现代化生产线，实现了陶瓷的标准化、规模化、绿色化生产。在此基础上，汉青陶瓷不断扩大产业优势，建设汉青陶瓷文化产业园，集艺术中心、智能仓储中心、文创中心、营销中心于一体，提供做陶瓷、学历史、买陶瓷一站式服务，全方位展示淄博陶瓷文化。

开辟战略性新型产业"蓝海"。近年来，山东在元宇宙、虚拟现实、数字文化装备等战略性新兴产业持续发力，取得了不俗的成绩。元宇宙作为虚拟世界和现实世界融合的载体，蕴藏着数字文化发展的巨大潜能。站在时代的风口之上，潍坊立足实际、抢抓机遇，倾力打造具有全球影响力的元宇宙技术创新与产业之都，目前已形成以歌尔股份、共达电声、浪潮华光等企业为骨干的消费电子产业链和以先进光电芯片研究院、华光光电为龙头的光电产品产业链，布局了潍坊元宇宙科创产业园、坊子区元宇宙产业配套园等一批元宇宙专业园区。虚拟现实产业是新一代信息技术的重大前沿领域，2022年，山东省围绕推动虚拟现实产业高质量发展集中给出13项政策利好，加快打造以青岛市为中心，济南、潍坊、烟台、威海四市联动，其他市协同的"1+4+N"虚拟现实产业区域布局。未来，还将依托全省文化和旅游资源，支持济南、青岛、潍坊、泰安等地建设元宇宙文旅体验项目，培育虚拟演唱会、虚拟景区、虚拟文化场馆、虚拟体育、虚拟偶像、虚拟导游等文旅消费新业态。打造数字文化装备产业自主品牌，潍坊可穿戴设备、青岛智能视听、烟台数字游戏装备、济宁数字文化教育装备智能终端、日照智能机器人产业茁壮成长，数字文化装备集群不断壮大。

延伸阅读

《金声玉振》

⊙《金声玉振》虚拟现实作品

亮相济南国际双年展的《金声玉振》虚拟现实作品，由山东威赛尼科技有限公司创作，是首次将目前中国最先进的虚拟仿真沉浸式CAVE显示方式应用于艺术领域。戴上特制眼镜，观众可以"穿越"回春秋时期，置身如梦似幻的花海中，于杏坛之上听孔子弦歌讲学。

三、深化文旅融合发展

文化是旅游的灵魂，旅游是文化的载体。文化资源、文化内容、文化符号、文化故事等文化元素与旅游的深度融合，不仅可以让旅游景观更具内涵、旅游内容更加丰富，也能为文化更添活力，增强民族自信和文化自信。习近平总书记指出："文化产业和旅游产业密不可分，要坚持以文塑旅、以旅彰文，推动文化和旅游融合发展，让人们在领略自然之美中感悟文化之美、陶冶心灵之美。"在中共中央办公厅、国务院办公厅印发的《"十四五"文化发展规划》中，明确提出"提升旅游发展的文化内涵""以文化赋能旅游产业发展"。从文化主题公园、特色街区，到民俗展示、非遗演艺、地域美食、精美文创……文化要素正在全面融入旅游产业各个环节，形成了优势叠加的良好局面。"诗"和"远方"在满足人民日益增长的美好生活需要中实现了更好联结，进一步提升了人民群众的获得感、幸福感、安全感。

山东是文化大省和旅游大省，传统文化历史悠久，文化产业发展基础雄厚，人文与自然资源双双富集。山东省拥有泰山、"三孔"、齐长城、大运河等4处世界文化遗产，省内A级景区达到1193家，居全国第一位，其中AAAAA级旅游景区14家，国家级旅游度假区4家。文化产业对山东经济增长的贡献率逐年稳步增加，以2021年为例，全省规模以上文化企业达到2782家，实现营业收入6152.4亿元。如今，文化"两创"已成为推动山东文旅产业融合发展的新引擎，优秀文化产品、优质旅游产品和服务供给水平持续增强。

（一）统筹文化资源，提升文化旅游核心竞争力

从五岳独尊的泰山，到儒风文脉绵延千载的曲阜"三孔"；从"四面荷花三面柳，一城山色半城湖"的泉城济南，到"西望瑶池降王母，东来紫气满函关"的蓬莱仙境……事实证明，浸润着浓厚历史文化气韵、人文资源富集的地方，总是对游客有着巨大而长久的吸引力。经过几十年的发展，我省旅游业已步入高质量发展的新阶段，面对人民日益增长的美好生活需要，市场亟须更具特色、更具内涵、更加丰富多样的旅游产品，越来越多的城市开始盘点文化家底，提炼人文气质，探索文旅融合之道。

文旅融合的核心竞争力在于文化。推进文旅融合发展，关键在于深

度挖掘文化内涵，激活文化资源存量价值。挖掘文化内涵必须从地域特征、民族特性出发，针对性地提取特色鲜明、原汁原味的优秀传统文化要素。在此基础上，从旅游市场角度进行创作和开发，因地制宜创新旅游产品，将文化主题的打造、文化元素的融入、文化体验的强化作为丰富旅游产品供给、推进旅游品牌建设、提升旅游体验、塑造个性化服务的重要路径，从而推进文旅产业规模化、高端化、精品化发展。

培育一批文化深度体验游中高端项目。文化旅游要贴近需求、入脑入心，只"深"是不够的，还要强化文化旅游的"体验感"。山东各地市积极探索开发、转化特色文化资源的路径，致力于提升文化旅游的参与度，满足不同游客群体差异化的文化需求。文物古迹、传统节庆、民风民俗、故事传说等等，都是可资利用的"文化家底"，在此基础上打造独具魅力的中华文化旅游体验，让历史文化资源"活起来""动起来""火起来"。在孟子故里山东邹城市，将"儒家传统礼仪活态展示与体验"作为重点，推出成人礼、开笔礼等一批儒家文化体验项目。在济南市印象济南·泉世界，打造集合鲁绣、泥塑、斫琴、瓷艺、彩绘等传统手工艺人的"七十二工坊"，让市民、游客可以近距离体验传统文化的魅力，另外还引入了"二安文化园"，是全国首个以"城市文人IP"为创意原点呈现的体验式文化园，集合了二安主题演出、二安非遗体验、二安穿越剧场、网红诗词长廊、二安诗词剪影、二安美食等多种业态。

建设一批历史文化街区、主题文化园区。对文物古迹比较集中，或能完整地体现出某一历史时期传统风貌和民族地方特色的街区、建筑群、小镇村落等，深入挖掘它们的历史、文化、精神价值，对其进行活化开发利用，在社会效益和经济效益之间寻求平衡。对于文化资源集中的地区，建设主题文化园区，提供文化相交相融、沉浸式体验的空间载体。济南市围绕"百年商埠"进行保护性开发，最大限度保留济南开埠时的风貌，在传承中引入时尚餐饮、购物娱乐等休闲业态，形成文旅

商并融的区域。淄博市张
店区利用承载着老工业城
市独特文化记忆和精神气
质的工业遗产，探索运用
"存量旧改＋文创产业"
改革模式，将老旧厂房集
成打造为唐库、东坊等文
创特色园区。

打造一批主题旅游精
品线路。把具有相似文化
属性、文化主题的景点串

⊙ 淄博市唐库文创园

珠成链，全面展现地域文化旅游的精华，变观光游为中华优秀传统文化的深度体验之旅。东营市垦利区聚焦黄河文化主线，以"入海·印记"为主题，推出"黄河入海·垦利锣鼓—黄河沿岸·留年旗袍—黄河人家·火燠草编—黄河记忆·虎头鞋"精品文化旅游线路，绘出沿黄文化新画卷。济宁市推出九大精品旅游主题线路，串联起济宁曲阜明故城（"三孔"景区）、京杭大运河等2处世界文化遗产，微山湖、孟庙孟府、水泊梁山等11处AAAA级以上旅游景区，孔子博物馆、济宁博物馆等7处文博场所。

融通打造一体化旅游格局，发展全域旅游。坚决抛弃过去低水平、分散化、粗放式发展的路子，坚持"龙头引领＋全域联动"，点、线、面相结合，聚力打造文旅产业集群，推动文旅产业实现从"一个项目、一条路"到"一个集群、一大版块"的华丽嬗变，形成全域文化旅游融合发展新格局。枣庄市以台儿庄古城为核心，规划建设18平方公里的台儿庄古城文化产业园，明确了"一园四区六大产业"功能布局和产业定位，成功创建为国家级文化产业示范园区。泰安市东平县实施"生态立县、产业兴县、绿色发展"战略，盘活环东平湖84公里景区景点，打造丰富、完整的北方水乡"全域旅游"发展产品圈，搭建起"旅游康养、深绿发展"的文旅产业体系，全县旅游服务的竞争力和影响力持续增强。

（二）坚持业态融合，持续扩大文旅产品供给

拥抱大众旅游时代，必须顺应游客多样化、个性化的消费趋势和出行需求。在文旅产业激烈竞争的背景下，必须坚持供给侧结构性改革，善于研究市场、紧紧跟踪市场，始终走在前列。文旅产业关联度高、拉动力强，与其他产业跨界融合、协同发展，能够更好释放综合效应，提升文旅融合发展能级。山东省积极探索开拓"文旅+"复合业态，持续推动文旅与商贸、研学、康养、度假、演艺、信息技术等行业深度融合，打造覆盖全龄段、全时段、全天候的多元化文旅产品供给体系，推动旅游业实现由"门票经济"向"产业经济"的转型升级。

发展"文旅+夜游"，打造历史传统和现代潮流、文化旅游和现代消费相融合的"夜文化"特色街区。夜游经济是拉动城市经济增长、提升城市繁华度的"新动力"，也是城市活力系数的"风向标"。2019年11月，山东省出台《关于加快推进夜间旅游发展的实施意见》，提出要建设一批夜间旅游优质项目，推出一批夜间旅游产品，打造夜游主题游乐活动，丰富夜游文化体验。按照"区域化、特色化"的要求，依托中心城区设施和重点景区，培育夜间观光游憩、文化体验、特色餐饮、时尚购物等夜间旅游经济产业，形成一批具有较强辐射带动功能的夜间文旅消费集聚区，建设布局合理、富有活力的夜间旅游发展格局。聊城市充分利用深厚历史文化底蕴和丰富旅游资源，以独特夜间景观为载体，深入挖掘传统民俗文化内涵，引入文创、康养、民宿、演艺等业态，不断丰富夜文化场景，全面做强古城之旅，建设高品质步行街，构建"夜游"文旅线路、"夜娱"文化体验、"夜赏"特色景区、"夜宴"餐饮品牌、

"夜购"特色街区、"夜演"视听剧苑、"夜品"文化场馆、"夜宿"品质休闲等夜娱产品矩阵。

延伸阅读

山东加快国家级夜间文化和旅游消费集聚区建设

目前，山东省已有12个国家级夜间文化和旅游消费集聚区，分别为：济南古城特色文化街区、济南市印象济南·泉世界、青岛市即墨古城、枣庄市台儿庄古城、济宁市曲阜尼山圣境、泰安市泰山秀城·老街、济南市方特·东方神画、青岛市红树林度假世界、淄博市周村古商城、烟台市朝阳街—烟台山特色文化街区、潍坊市青州古城、威海市威海卫城片区。

⊙ 印象济南·泉世界

⊙ 曲阜尼山圣境

发展"文旅+研学"，将传统文化与现代研学相结合，布局研学旅游精品线路。研学旅行是旅游业的新业态，也是旅游与教育、文化产业融合发展的必然趋势。近年来，山东各地掀起研学游热潮，各地打造了一系列主题鲜明、寓教于乐、游学相长的研学旅行课程与线路，推动研学旅游与历史文化体验、民俗体验、科普知识体验、工农业体验、技能体验相结合，不断丰富研学旅游产品体系，积极延长研学旅游产业链条，拓宽研学旅游产业覆盖面，做强"吃住行游购娱"的研学游产业集群。枣庄市台儿庄区开发了爱国主义教育、运河文化体验等九大研学课程，主要突出大战文化、运河文化、鲁南文化，主打"体验+教学"的方式，被评为首批全国中小学生研学实践教育基地、港澳青少年内地游学基地。在聊城临清市，临清贡砖文化产业园构建起"党建+非遗"的研学模式，以弘扬临清贡砖非遗文化为目标，在园区内打造了集文化旅游、户外研学、游览展馆、手工实操等于一体的综合性特色研学基地。济宁市以精心打造的文化圣地体验游、国学经典研学游、运河微山湖休闲游、儒乡生态休闲游四大主题研学线路串联起孔孟文化旅游、运河文化旅游、生态水乡休闲文化旅游、水浒文化旅游四大文旅集聚区，构成研学旅游全域大格局。

发展"文旅+数字"，创新数字文化旅游体验。科学技术越来越成为文旅产业发展的强大动力。山东高度重视既有文旅资源向数字空间的迁移，运用增强现实、虚拟现实、3D技术、激光显示等高新科技，将传统的文化静态展示转变为丰富细致的动态感知，提升文旅产品的互动性，丰富数字文旅新场景，从求新求变中找寻新的文旅消费增长点。山东曲阜的孔子博物馆礼乐传习所中，工作人员通过多元多媒展示技术，活化复原了春秋时期的箫韶雅乐，生动演绎中国的礼乐思想。泰安市泰山秀城聚力科技加持，建设元宇宙体验馆、山东手造馆、泰山地质生物馆、无界数字馆和探洞工厂，打造国家数字文旅示范项目，大型实景演艺《铁道游击战》以剧场智能化科技化改造提升影视特技特效体验感，自首演以来市场好评如潮。齐河县结合现代数字科技技术，持续讲好"黄河故事"，推进各景区产品数字化改造升级，推出"魔幻光影秀"、无人机展演、VR虚拟体验、5D影院等高科技旅游体验活动，不断赋予黄河文化新的时代内涵。

延伸阅读

泰山秀城《铁道游击战》实景演艺项目

泰山秀城《铁道游击战》是国内首创的火车大型影视特技特

效实景演艺，自2021年开演以来，便圈粉无数，广受好评。该剧讲述了抗日战争时期，日军疯狂入侵华东地区，1938年泰安沦陷后，大龙、石头

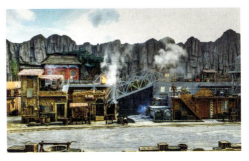

⊙ 泰山秀城《铁道游击战》演出照片

等泰安青年在中国共产党的领导下，在津浦铁路沿线开展铁道游击战，有力支援中国军队前线作战的故事。剧场开发了数字孪生演示系统平台，通过高精度定位、物联网、数字孪生、人机互动等高新技术跨界融合应用，更新了火爆、水爆、大型建筑解体等特效，更加真实还原了战争现场的震撼冲击力，给观众带来了更好的观演体验。

（三）聚焦文旅产业高质量发展

文旅产业"一业兴，百业旺"，文旅产业的繁荣，能够助推区域经济实现高质量发展。2023年3月举办的全国文化和旅游产业发展工作会议指出，文化和旅游产业在国民经济中占比近10%，经济属性突出，在稳增长、扩大内需方面的作用越来越大。山东省在旅游景点数量、游客接待量、旅游业收入等领域长期位居全国前三，是名副其实的旅游大省。近年来，山东省聚焦文旅产业高质量发展，以政策为保障、消费为导向、项目为抓手，文化和旅游融合发展水平不断提升，文旅产业在经济社会发展大格局中的贡献度、影响力进一步彰显。

政策先行，保驾文旅产业行稳致远。山东坚持高点站位、前瞻布

局、系统推进，连续出台《山东省文化旅游融合发展规划（2020—2025年）》《"十四五"文化和旅游发展规划》《关于促进文旅深度融合推动旅游业高质量发展的意见》等政策文件，探索文化和旅游在更广范围、更深层次、更高水平上融合发展，推动我省文化资源禀赋有效转化为文旅发展动能。2021年3月，山东省印发《关于促进文化和旅游产业高质量发展的若干措施》，提出实施文化和旅游消费促进行动、推行国有景区"三权分置"改革、推动乡村旅游提质升级等12条举措，推动文化和旅游产业融合发展、高质量发展。2021年9月，山东省发布《关于加快推进文旅重点项目建设扩大有效投资的若干措施》，在推动旅游景区、度假区提质升级，发展海洋旅游、乡村旅游、"互联网+旅游"，加强产业载体平台建设，完善项目推进机制等各方面提出了具体措施和方向。2023年1月，印发《大力提振文化和旅游消费十条政策措施》，包括集中发放文旅惠民消费券、实施景区门票减免行动、加快启动入境旅游、促进乡村旅游快速回暖、开展文旅行业"助企暖企"行动等等，"真金白银"引导扩大消费。2023年3月，印发《关于促进文旅深度融合推动旅游业高质量发展的意见》，推出提振文旅消费、促进文旅深度融合的"1+N"政策体系。

延伸阅读

山东省国有景区体制机制改革试点案例

为发挥国有景区在旅游业发展中的战略支撑作用，2021年，山东省全面启动全省国有景区体制机制改革试点工作，相关单位坚持市场化取向和去行政化方向，以国有景区所有权、管理权、经营权"三权分置"为突破口，建立起更加精简高效的管理体制、更加灵活实用的开发运营机制、更加完善具体的干部人事管理体制、更加系统集成的政策支持体系。

台儿庄古城片区是大运河国家文化公园重点建设区，其飞跃发展的背后，是深化国有景区改革释放出的巨大活力。古城试运营后，按照"政企分开"的原则，组建了枣庄市台儿庄古城旅游发展有限公司(后更名为山东省台儿庄古城旅游集团有限公司)，实行企业化管理和市场化运作。台儿庄古城将临沂、枣庄、徐州、济宁、菏泽纳入旅游同城化地区，形成以台儿庄古城为核心的全域旅游产业链及消费生态圈，推动台儿庄发展成为休闲度假旅游目的地。

对曾经"九龙治水""小马拉大车"的发展之困，崂山景区的从业者深有感触。为根除这一"顽疾"，青岛市崂山区将崂山风景名胜区管理局、崂山区文化和旅游局、青岛市啤酒节办公室的各项职能、人员编制及平台全部整合，创新组建区级文化和旅游发展委员会，由崂山区党政"一把手"亲自"挂帅"，统筹推进全域旅游发展。深化改革以来，崂山区总投资13.8亿元的"海上看崂山"旅游航线正式开通，一批高端精品旅游项目相继开工建设，仙居崂山、凉泉里乡村、崂山书院等深受游客喜爱的康养、研学、体育等旅游新业态蓬勃发展。2021年上半年，崂山区实现旅游总收入79亿元，同比增长94%。

多措并举，挖掘文旅消费潜力。成功举办山东省旅游发展大会、中国国际文化旅游博览会、国际孔子文化节等重大活动，连续举办六届文化和旅游惠民消费季，开展"山东人游山东""百场红色自驾游""好客山东游品荟""好客山东·乡村好时节"主题营销推广等特色活动。持续推进国家级文化和旅游消费试点城市、国家级夜间文化和旅游消费集聚区创建，如今济南市入选第一批国家文化和旅游消费示范城市，5市入选国家级文化和旅游消费试点城市，拥有国家级夜间文化和旅游消费集聚区12个。营造良好的出游环境，策划"高铁＋酒店＋景区"特色产品，支持各市开通旅游专列、旅游巴士专线、旅游定制专线、景区直通车，鼓励景区延长开放时间、结合实际实施一票多次多日使用制，更好满足游客多样化需求。推进旅游基础设施提档升级，开展"乐宿山东"提升行动，打造一批高标准旅游风景道示范路段。2023年上半年，全省接待游客3.4亿人次，实现旅游收入4060.7亿元，分别恢复至2019年同期的107.3%和87.7%，特别是"五一"期间游客总数、旅游收入、过夜游客总量均创历史新高。

项目带动，迸发文旅产业新活力。文旅项目是产业发展的基石，抓好项目建设，不仅有利于促进经济增长，更有利于增加就业、惠及民生。近年来，山东省十分注重文旅项目的带动作用，建设省级重点项目库，抓实重点文旅项目建设。在通过创意策划、业态创新等进一步拓展文旅项目建设空间的同时，还积极聚合财政、金融等多方面政策，加大对文旅项目和企业的扶持力度。广泛开展"知名文旅企业家山东行"等考察、洽谈活动，导入更多资源、资金、人才，推动文旅项目建设扩容提质，激发市场活力。2021年9月，成功举办了文化和旅游部产业项目服务平台第二十八期精品项目交流对接会暨山东省文化旅游重点项目推介

⊙ 2023年全省文旅高质量发展项目第一次观摩会

招商会、优秀舞台剧目展演采购会，现场签约十大文旅项目，总投资金额逾600亿元。2022年6月，山东正式启动金融支持文旅产业高质量发展联动机制，助力文旅行业恢复发展。新旧动能转换重大工程实施以来，山东重点文化旅游项目完成投资4648.7亿元，实际竣工698个。在2023山东省旅游发展大会上，山东16市共18个文旅项目签约，计划总投资449.6亿元，涵盖休闲度假、夜间旅游、红色旅游、康养旅游、生态旅游、文化创意等业态。

四、加强文艺精品创作展示

文艺是时代前进的号角，最能代表一个时代的风貌，最能引领一个时代的风气。优秀的文艺作品能够引发广大群众的思想共鸣，从而陶冶情操、鼓舞人心，改造人的精神世界。山东作为文化大省、革命老区，丰厚的文化基因和红色基因，奠定了文艺创作的底色和根脉。

近年来，在文化"两创"的带动下，山东立足丰厚的人文沃土，聚力文艺惠民，把多出精品力作作为文艺工作的中心任务，创作出一批弘扬时代主题、反映当代价值、体现齐鲁风骨、讲好山东故事的文艺精品，形成在全国具有重大影响力的文艺创作高地，文化创造力、传播影响力、宣传引导力持续提升，"山东文脉"在新时代焕发出别样的活力光芒。

坚持正确创作导向。山东省文艺界始终坚持党对文艺工作的全面领导，牢牢把握社会主义先进文化的前进方向。坚持以人民为中心的创作导向，引导广大作家、艺术家深入生活、扎根人民，把人民作为文艺服务对象、文艺表现的主体和文艺审美的最高评判者，着眼人民对美好生活的向往，创作人民群众喜闻乐见的文艺作品。坚持"二为"方向和"双百"方针，创作唱响主旋律、弘扬正能量的优秀文艺作品。健全文艺作品意识形态审查机制，确保文艺创作的正确方向。

强化组织引领。推进实施"齐鲁文艺高峰"计划，推进作品质量提升工程，突出选题策划、剧本创作、剧目创排、修改提升等关键环节，完善重点项目指导论证机制，提升艺术创作生产组织化程度。成立山东省文艺精品创作生产统筹推进小组，对于策划的重点项目，建立省市纵向一体，宣传文化部门横向联通，国有、民营文化企业共同参与的省市一体化推进工作机制。在推进落实重点项目方面，按照项目化运行、目标化管理的思路，制定项目台账，明确责任分工、完成时限和目标要求，切实增强了文艺精品创作生产效果。实施山东省重点文艺选题创作扶持计划，科学规划全省各文艺门类布局，推动不同文艺门类协调发展。完善文艺评价激励机制，2020年发布《关于支持鼓励优秀文艺作品创作生产的十项措施（试行）》，细化了对优秀文艺作品的帮扶、奖励措施。发挥文艺评奖的导向激励作用，建立获奖作品跟踪考核机制、重点工程资助作品验收机制，鼓励优秀舞台艺术作品多演出。

坚持内容创作守正出新。注重文艺作品思想性、艺术性相统一，强调内容为王，提高文艺原创能力，鼓励文艺创作在题材、体裁、内容、形式上的创新。聚焦时代命题，深化"春秋风云""派兵到山东""咱家在山东"三大主题创作，扎实推进重大历史、重大革命和重大现实题材表达。深入发掘中华优秀传统文化和红色文化内涵，强化文化"两创"和本土文化的赋能作用，突出儒家文化、沂蒙文化、胶济铁路、大运河、乡村振兴齐鲁样板等山东元素，展示具有山东特色的壮阔历史和时代变迁，讲好中国故事山东篇章。近年来，山东省文艺界创作出一批具有时代性、创新性、引领性的精品力作。在舞台艺术方面，据统计，2012年全2022年十年间，累计新创作大型剧目500余部、小型作品2000余件，先后有300余部剧（节）目获得文化和旅游部创作扶持或入选全国性展演，269个项目获得国家艺术基金资助扶持。民族歌剧《沂蒙山》《马向阳下乡记》、京剧《瑞蚨祥》《项羽》《燕翼堂》、吕剧

《百姓书记》《一号村台》《大河开凌》、舞剧《红高粱》《乳娘》、莱芜梆子《儿行千里》、杂技剧《铁道英雄》《泉城记忆》、话剧《孔子》、大型交响声乐套曲《大运河》等一批精品力作立上舞台，实现不同艺术门类均衡式快速发展。在影视方面，创作出诸如电影《高家台》《大洋深处鱿钓人》《毛驴上树》《沂蒙红嫂俺的娘》《我的父亲焦裕禄》《回西藏》、电视剧《三泉溪暖》《运河风流》《警察荣誉》《经山历海》、纪录片《大河之洲》《大泰山》《长山列岛》《蔬菜改变中国》《稷下学宫》等一系列反响热烈、广获好评的作品。在文学创作方面，聚焦"高质量发展、新旧动能转换、中华优秀传统文化、沂蒙精神、全面建成小康社会、乡村振兴、经略海洋、争当泰山挑山工、先模人物、山东故事"等十大文学创作主题，建强文学新鲁军，创作出长篇小说《雪山大地》《经山海》《大地之上》《仲子路》《东进》、报告文学《靠山》《大写西域》《沂蒙壮歌》《国家记忆——一本〈共产党宣言〉的中国传奇》《涧溪春晓》《山海闽东》《第四极：中国蛟龙号挑战深海》《中国机器人》、长篇纪实文学《大孔府》《百年沂蒙》《大风歌》、随笔散文集《时间的压力》《斑斓志》《黄河口的庄稼》、儿童文学《少年与海》《寻找鱼王》《巴颜喀拉山的孩子》等力作。

延伸阅读

山东民族歌剧《沂蒙山》

山东民族歌剧《沂蒙山》由山东省委宣传部、山东省文化和旅游厅、临沂市委、山东出版集团联合出品，山东歌舞剧院创作排演。它是山东历史上首部获得中宣部"五个一工程"奖、文华大奖、中国戏剧梅花奖、白玉兰戏剧表演艺术奖四项国家级舞台艺术奖项的"大满贯"剧目，成为新时代山东舞台艺术繁荣发展

⊙ 歌剧《沂蒙山》剧照

的新标杆，开启了当前中国民族歌剧创作的成功范式。

《沂蒙山》是一部红色主题浓郁、山东特色突出、艺术水平高超的优秀文艺作品。该剧以沂蒙山根据地发展壮大的真实历史为背景，以抗日战争为主线，以大青山突围、渊子崖战役为创作素材，讲述了海棠、林生、夏荷、孙九龙等人在国家危亡与个人命运的紧密相连中，牺牲小我、军民一心、团结抗战的故事，生动刻画出抗日战争时期山东军民舍生取义、为国为民的英雄形象，形象揭示了"党群同心、军民情深、水乳交融、生死与共"的沂蒙精神的深刻内涵。自2018年12月首演至今，《沂蒙山》已演出200余场，观众达35万人次，网络播放量超过6000万。

强化艺术人才培养。近年来，山东通过"引进来"和"走出去"，着力加强与重点艺术院校的合作，加强与中直院团以及其他国内先进院团的交流合作，加强与文艺领域重点机构的工作交流。加大高端和领军文艺人才的引进培养力度，积极实施"戏曲名家工作室"工程，建设一批具有一定影响力的"艺术工作室""戏曲工坊"，着力发现、培养本土青年主创团队。连续5年开展的"舞台艺术青年创作人才扶持项目"，累计扶持46个作品，涉及8个市、5个省直艺术单位、2所高等院校的120余位青年创作人才。持续推进山东省直院团内部管理机制改革，支持文艺院团建立现代管理制度，形成更加灵活的用人机制和科学有效的人才评价激励机制。

加强优秀作品展示推介。用好中国艺术节、中国戏剧节、全国舞台艺术优秀剧目展演等全国性平台，办好山东文化艺术节、山东国际小剧场话剧展演、全省小戏小剧展演等品牌活动，推动优秀文艺作品展演展播、宣传展示。连续举办十五届山东国际大众艺术节，整合戏剧、音乐、曲艺、舞蹈、杂技、电影、电视、美术、书法、摄影、民间文艺和文艺评论等资源，在全省城乡广泛开展形式多样、内容丰富的群众性主题性文艺活动，成为山东省级层面影响广泛的重大文化艺术盛会。搭建山东省文艺资源共享服务平台、网络视听节目共享平台，实现重要文艺活动同步直播，加强优秀文艺作品线上传播力度。充分利用大众网、闪电新闻、中国山东网、齐鲁壹点等主流媒体及山东艺术网、"山东艺术"移动客户端、山东省广播电视台融媒体中心山东文艺专栏、自媒体APP等各类传播方式，打造立体化、全方位宣传矩阵。促进优秀文艺作品多渠道传播、多平台展示、多终端推送，助力"鲁"字号文艺精品"走出去"，提升文学鲁军、鲁剧、鲁影、山东戏剧、山东美术、山东书法、鲁版图书等品牌影响力，一批优秀文艺作品在对外交流、重大演出中绽放异彩，如在朝鲜第32届"四月之春"友谊艺术节上，杂技剧《铁道英雄》荣获"创作奖"。

开展小戏小剧创演活动。为丰富群众文艺生活，满足人民群众日益增长的美好生活需求，山东省广泛组织开展群众性小戏小剧创演活动，打造新时代富有齐鲁特色的群众文化新品牌。充分调动基层文艺团体、文化志愿者、群众爱好者等各方面的文化参与积极性，广泛开展以文化"两创"、红色文化、新时代文化为主题，贴近生活、贴近时代、健康向上的小戏小剧剧本创作。依托"一村一年一场戏"服务机制，采取"为群众送小戏小剧"和"群众演给群众看"两种模式开展小戏小剧创演活动。在"为群众送小戏小剧"模式中，完善政府补贴、按照"订单式"需求、以"一村一年一场戏"为主要形式、为群众上门送戏机制；在"群众演给群众看"模式中，完善文旅部门提供剧本和辅导、群众在各地"百姓大舞台"自编自演机制。2022年，全省新创作群众性小戏小剧作品310多件，其中完全由群众参演的作品220多件。在此基础上，组织开展了全省群众性小戏小剧"大擂台"活动，各地组织"大擂台"1077场，其中市级23场，县级551场，县级以下503场，参与线上线下"大擂台"的群众约290万人次，在全社会营造起"群众看、群众学、群众演、群众比"的浓厚文化氛围，增强了人民群众的文化获得感和幸福感。

延伸阅读

山东大力实施"百部群众性小戏小剧创作展演工程"

什么是小戏小剧？简而言之，就是体制较短的小型戏曲、戏剧、小品等，演出时间一般在20—30分钟，具有容量小、篇幅短、节奏快的特点。小戏小剧的内容多取材于鲜活的现实生活和历史文化故事，在形式上因地制宜，多与当地流行的传统戏曲形式相结合，经过精心编排，形象生动，韵味十足。演出地点不在"殿堂"，而在"广场"，真正实现了观众与舞台"零距离"、送戏送到"家门口"。

近些年，山东一直在探索小戏小剧创演新路径，各地创作推出一大批优秀小戏小剧作品。临沂市依托丰富的红色资源、深厚的历史文化，在全省率先实施"百部群众性小戏小剧创作展演工程"，坚持"三贴近"原则，无论是表现个体的悲欢离合，还是

呈现大历史的沧桑厚重，讲述的都是沂蒙人身边的故事，关照的都是老百姓的喜怒哀乐。截至2023年4月，临沂市

⊙ 情景小剧《河湾情》演出现场

已创作群众性小戏小剧164部，涌现出《跟着共产党走》《第一碗饺子》《两代人的小康路》等一批有温度、接地气、深受群众喜爱的优秀作品。在第十三届中国艺术节上，临沂市情景器乐曲《沂蒙那段情》荣获第十九届群星奖。东营市创作了大批以黄河为主题的小戏小剧，其中包括大量面向儿童的"儿童小剧"。德州市针对乡村老年人居多的现状，开展经典小剧小戏整理、改编工作，利用文艺旧模式，增加新元素，展示新内容，更能走进老年观众的心里。菏泽市两夹弦非遗保护传承中心创演的两夹弦小戏《公鸡过寿》，以美丽乡村建设中移风易俗为题材，荣获全国群众文艺领域政府最高奖"群星奖"。

戏、剧虽"小"，但在一个个故事里包含着"大情大爱"。小戏小剧从曲（剧）目选择到演出方式，皆体现出回归到了文艺演出、文化惠民的初心：让大家看得热闹、玩得开心，在"润物无声"中增强人民精神力量。小戏小剧的火爆再次证明，脚踩大地、扎根现实生活的作品，才会有力量；用心用情抒写人民、描绘人民、歌唱人民的作品，才会受欢迎。

第七章　交流互鉴成大道
——开创中华优秀传统文化传播交流新局面

671年，唐齐州（今山东济南）僧人义净西行求法，先后游历30多个国家，后在室利佛逝国译经著书近十年，写成《大唐西域求法高僧传》和《南海寄归内法传》两部著作。684年，义净携梵本经文近400部、合50余万颂乘船东归，并将毕生精力倾注于译经，成为继玄奘之后又一位被赐封为"三藏"的中土译主。义净在《大唐西域求法高僧传》等著作中详细记载了海上丝绸之路国家的历史地理文化，极大拓展了时人了解域外文明的视野。可以说，义净西行求法是山东历史上文化交流的一桩壮举，也是人类文明共同体合作互鉴的典型案例，促进了中华文化与海上丝路国家间文明的高度融合和交流。

中华民族要强盛，要在世界文化激荡中站稳脚跟，就必须推动博大精深的中华优秀传统文化走向世界，就必须加强不同文明的交流互鉴。近年来，山东作为文化大省，开展了形式多样的对外文化交流活动，齐鲁文化软实力不断增强。山东在文化建设实践过程中，积极构建友城、友校、友企、友媒、友人"五友"对外宣传格局，搭建文明交流互鉴高端平台，努力讲好中国故事山东篇章，不断推动山东文化走向世界，在推动中华优秀传统文化创造性转化、创新性发展中持续发力、走在前列。

一、"五友"外宣讲好中国故事山东篇章

习近平总书记指出："展形象，就是要推进国际传播能力建设，讲

好中国故事、传播好中国声音，向世界展现真实、立体、全面的中国，提高国家文化软实力和中华文化影响力。"今天，讲好中国故事，讲好中国式现代化的故事，围绕中国式现代化进行话语阐释和叙事传播，既是全社会坚定道路自信、理论自信、制度自信和文化自信的重要途径，也是扩大中华文化影响力、促进人类文明交流互鉴的现实要求。

近年来，山东深入学习贯彻习近平新时代中国特色社会主义思想，充分发挥齐鲁文化的独有优势，深入推进优秀传统文化"两创"，围绕友城、友校、友企、友媒、友人"五友"外宣进一步拓展国际交流合作，在中华文明交流互鉴的伟大实践中强有力地发出山东声音，开创了齐鲁文化交流互鉴的新局面，奏响了新时代齐风鲁韵的强省之歌。目前，山东已与94个国家建立623对友城关系，开展交流活动400多场，建立"中华文化之角·尼山书屋"30个，初步形成"五友"外宣的交流互鉴新格局。

（一）扎实推进各项文化外交活动

山东以"各美其美、美美与共"为主旨，积极响应国家倡议，积极融入国家外交战略，深入挖掘齐鲁文化优势资源，通过形式多样的文化外交活动促进齐鲁文化海外传播，使齐鲁文化在海外的传播力与影响力不断扩大、齐鲁文化的国际经济效益和社会效益不断提升。

充分发挥平台作用。大力开展"齐鲁文化丝路行"活动，山东省与共建"一带一路"国家建立起政府间交流合作机制。举办大型活动或国际会议，办好尼山世界文明论坛、国际孔子文化节等高端国际峰会，让尼山声音响彻世界。依托孔子学院等对外文化交流平台，助力齐鲁文化海外传播。在此基础上探索开设"孔子书屋""孔子影院""齐鲁文化体验"和"中华文化之角·尼山书屋"等具有山东文化特色的平台机构，以展示齐风鲁韵的鲁绣、鲁菜、皮影戏、柳琴戏等山东非物质文化遗产，出售如潍坊风筝、坊子年画、民间剪纸、草编等民俗产品，传播

《中国山东》《齐鲁家风》等具有深厚文化底蕴的宣传视频，以互赢共利的模式为齐鲁文化海外生存、成长和发展提供一个良性环境。有效发挥各类主体作用。发挥山东华人华侨、海外留学生等作为文化传播的桥梁、纽带作用，深入开展系列地域文化体验活动如泰山封禅大典、寻根之旅，建立齐鲁文化海外传播基地等，使受众全方面、多角度领略齐鲁文化内涵，让更多的海外华侨华人找到归属感，增强对齐鲁文化的认同感，向世界讲好齐鲁文化故事。

（二）注重国际表达和有效输出

山东秉持"山东元素、国际表述"的理念，积极创新文化交流理念、思路，制定差异化、个性化的文化对外交流举措，引导外贸型企业入乡随俗，生产贴近境外受众的消费心理、文化认同、欣赏习惯和市场需求的文化产品。民以食为天，中国美食文化具有最广泛的受众基础，在海外纪录片市场分类里，美食类节目占有非常大的比重，因此，山东对外文化交流传播注重讲好齐鲁美食文化故事。青岛出版集团以"美食文化"为主题，每年均有近10个出版物品种的版权输出海外，开设青岛BookCook美食书店，以温和的方式提升国外民众对山东文化的认知度和认同感。

延伸阅读

青岛BookCook美食书店

2016年3月青岛出版大厦一楼的BC MIX正式开业，成为国内首家将手作美食和阅读相结合的美食特色书店。书店突出"书"和"厨"两大元素，英文单词bookcook（简称BC）是其创意来源。BC MIX绝大部分图书以美食类为主，包括国内历年来影响较大、评价较好的图书，以及国外著名大师作品，力求在美食图书经营上做到国内品类最全、品质最高。图书品种涵盖异国美食、甜品烘焙、茶、咖啡、红酒、饮食文化、中英文绘本、旅行类、文艺类

⊙ BC MIX美食书店

以及时尚类等。书店的餐饮以西餐菜品为主，根据季节时令会定期更换新菜品。以美食为依托，书店定期策划创意营销活动。如"BC饭局""蔡澜粉丝见面会""青岛最地道下酒菜"等，邀请本地美食圈的网络红人和时尚名人一起来品尝新菜、招牌菜，借助粉丝量和新媒体扩大BC MIX的影响力和知名度。在文化业态上，书店已形成自己独立的沙龙品牌、餐饮美食品牌、独立出版物和独立文创产品。根据目前当地的市场特点，书店先挑选一部分品类做好、做精，形成良好的品牌力量，然后慢慢扩大影响力，最终将书店做成一个多元文化品牌。

（三）将传统文化与现代产业有机结合

结合时代特点，将传统文化与现代产业嫁接，利用市场手段，以人们喜闻乐见的方式向国内外传播山东优秀传统文化。以成立于2009年的山东美猴动漫文化艺术传媒有限公司为例，该公司致力于原创动漫设计制作、计算机软件开发、广告设计制作与发布策划、文博业发展等，以儒家文化为题材，先后制作完成了《女娲、伏羲的传说》《始祖的足迹》《论语名句故事》《孟母教子》《论语智慧》《孔子圣迹图》《凿壁偷光》等7部1000余

分钟的动画片。事实证明，以产业化操作，将传统文化以生动活泼的现代传播方式向国内外推行，能够收到很好的社会效益和经济效益，如《论语名句故事》《孟母教子》两部动漫在美国发布时，1000套作品15分钟内就被一抢而空，国家汉办也将其列为全球孔子学院的辅助教材。

二、平台搭建助推文明交流互鉴

近年来，山东致力于打造文明交流互鉴高端平台，为山东文化交流传播提供良好的运作环境和服务设施，创造有效的依托和通道。山东支持重点主流媒体在海外设立分支机构，建设文化交流传播的管理平台、协调平台、宣传交流平台、研究平台和对外翻译平台，特别是重视推进海外"尼山书屋"和孔子学院建设。

（一）稳步建设海外"尼山书屋"

"尼山书屋"是山东对外文化交流战略的重要组成部分，是推动齐鲁文化"走出去"的响亮品牌。尼山书屋创建于2012年第二届尼山论坛，是山东省文化厅和山东友谊出版社共同打造的中国文化"走出去"的重要平台和交流品牌，主要有集中收藏和展示介绍中外优秀文明成果的图书、联合举办形式多样和内容丰富的主题文化活动、开展国际出版合作、搭建图书销售平台四大功能。自2013年始，尼山书屋走出国门，目前已有73家海外尼山书屋相继在马耳他、俄罗斯、波兰、新西兰、意大利、阿根廷、美国、澳大利亚、哈萨克斯坦、乌兹别克斯坦、吉尔吉斯斯坦等31个国家落地。

书籍是文化的载体，书屋是传播书籍的平台。尼山书屋以图书为纽带，架起一座文化交流的桥梁，成为展示山东形象、介绍中国文化和齐鲁特色文化的一个重要窗口，两万多种优秀的中国图书走出国门，近百种图书版权输出到十几个国家，《论语诠解》英文版成为耶鲁大学、哥伦比亚大学等世界顶尖大学的馆藏图书。

尼山书屋整合国内外资源，根据线上线下共同推进的路径，依托尼山书系、尼山国际讲坛、尼山国际出版、尼山国际展演和尼山国际教育，不断探索打造商业模式。数字尼山书屋打造的以尼山书系、尼山馆藏海外推广计划为龙头，线上线下互动，国内国外联通的全新的中外文化交流平台，得到高度认可。目前，尼山书屋拥有包括版权贸易、图书展销、学术研讨、书画展览、非遗展演在内的100多个文化交流项目。

（二）积极创建全球"孔子学院"

孔子学院自创办以来，累计为数千万国外学员学习中文、了解中国文化提供服务，在推动国际中文教育发展方面发挥了重要作用，成为世界认识中国的一个重要平台。随着中国经济实力的不断增强及中国在全球影响力的不断提高，学习汉语热也在全球不断升温，而孔子学院在普及汉语、传播中国文化方面发挥着巨大的作用。

山东高度重视孔子学院的建立，已经在海外设立了多所孔子学院，如亚洲的韩国国立忠南大学孔子学院、韩国东西大学孔子学院、韩国安东大学孔子学院、澳大利亚阿德莱德大学孔子学院、蒙古国立大学孔子学院和新加坡南洋理工大学孔子学院，以及法国布列塔尼孔子学院和荷兰莱顿大学孔子学院等，在承办数量上位居全国各承办高校前列。借助于孔子学院，把儒家思想引入国际关系和外交文化中，通过展演、交流、图书赠送等公益性方式，推动齐鲁文化"走出去"。

山东以传播山东深厚的文化和塑造"好客山东"品牌海外形象为基础，以全球孔子课堂为路径，共同打造出"国家汉语言文化传播平台＋地方研学文化旅游资源"协同共进的新模式。世界各地的孔子学院加入推广山东文化旅游事业当中，通过打造山东旅游宣传驿站，编印多语言版本的山东旅游宣传作品，在海内外共同举办"好客山东"旅游推广活动，利用孔子学院线上线下媒体宣传推广山东文化旅游等形式，让海外游客进一步了解孔子家乡，也让山东优秀的文化和丰富溢彩的旅游资源源源不断地进入全球视野。

（三）精心打造"尼山世界文明论坛"

山东作为孔子故里和中华文明的重要发祥地，一直致力于儒家文化的国际传播，精心举办"国际孔子文化节""尼山世界文明论坛"等高端国际峰会，以深化文明交流为纽带，努力推动不同文明之间互学互鉴；以儒家思想传播交流为载体，推动世界文明和谐共生。

2010年9月首届尼山世界文明论坛在曲阜成功举办。尼山世界文明论坛以促进世界文明对话交流、合作互鉴、融合发展，推动建设人类命运共同体为宗旨，坚持以习近平新时代中国特色社会主义思想为指导，深入学习贯彻习近平关于世界文明交流互鉴的重要论述，立足中华传统文化的创造性转化、创新性发展，响应联合国世界文明对话倡议，与孔子文化节、世界儒学大会相衔接，着眼塑造高端思想文化交流品牌，传递中华文化立场，论释人类命运共同体理念，促进中华文明与世界文明对话，已经成为向世界介绍中国智慧、中国道路、中国方案的传播平台。

通过集聚世界各国学术界专家人士进行交流与对话，尼山世界文明论坛已成为我国继孔子学院之后向世界贡献的又一个充满中华魅力的文化品牌。作为山东省打造对外开放新高地的重要抓手，尼山世界文明论坛重在突出思想文化特色，充分发挥齐鲁文化资源丰厚的优势，集聚、挖掘独特的儒家文化，致力于构建儒学研究传播新高地，为弘扬中华优秀传统文化、提升儒学在东亚乃至世界的话语权和影响力、推动中华文明与世界文明对话交流，展现应有的担当与作为。

延伸阅读

第九届尼山世界文明论坛

2023年9月，第九届尼山世界文明论坛在曲阜尼山圣境尼山

讲堂开幕。1600余名中外嘉宾齐聚孔子故里，共话文明交融互鉴，共谋应对全球挑战，为践行全球文明倡议、推动构建人类命运

⊙ 2023年第九届尼山世界文明论坛开幕式

共同体发出"尼山声音"、贡献智慧力量。本届论坛共设有1个主论坛、13个平行分论坛，以及系列研讨交流活动，采取线上线下相结合的方式进行。论坛主题为"全人类共同价值与人类命运共同体——加强文明交流互鉴 共同应对全球挑战"，并下设12个分论题。尼山世界文明论坛从最初的儒家思想学术论坛，到文化、教育、历史等议题的研讨，再到国际政治、经济、生态、传媒、艺术、中医药等多个领域，尼山世界文明论坛的涵盖面越来越宽广，展示了中华优秀传统文化蕴含的生机与活力，拓展了中外文明交流互鉴的深度和广度。

（四）注重加强多层次文明对话

党的十八大以来，习近平总书记围绕弘扬中华优秀传统文化、促进世界文明交流互鉴、共建人类命运共同体等多次发表重要讲话。2023年3月15日，习近平总书记在中国共产党与世界政党高层对话会上再次强调："在各国前途命运紧密相连的今天，不同文明包容共存、交流互鉴，在推动人类社会现代化进程、繁荣世界文明百花园中具有不可替代的作用。在此，我愿提出全球文明倡议。"习近平总书记的系列重要讲话，充

分展现了对中华文化的坚定自信和对世界文明发展的大国担当。山东省坚决贯彻落实习近平总书记和党中央的战略部署，精心构建党政主导、多方参与的文化交流合作格局体系，积极扩大对外传统文化交流的规模、层次、效益，加强多层次文明对话。

2017年，山东积极融入国家推进的"一带一路"倡议，深化"齐鲁文化走出去"工程、对外文化服务标准化工程，成功举办阿斯塔纳世博会山东周、第四届"跨越太平洋——中国艺术节"暨"山东文化周"、文化中国走进东盟等一系列重大对外文化交流活动。2018年，举办了"2018新西兰·中国山东文化年"、南澳洲"山东文化周"、加拿大"孔子文化周"活动，积极参加文旅部"对非文化工作部省对口合作计划""中俄地方合作交流年"等活动。2019年春节期间，山东组织21个团258人次分赴美国、英国、法国、韩国、新西兰、泰国和中国香港等14个国家和地区举办"欢乐春节"活动。2020年，第六届意大利国际考古及文化旅游大会在佛罗伦萨开幕，山东博物馆作为中国唯一一家受邀参会的博物馆，向意大利民众宣传山东文化遗产和旅游资源，推介山东博物馆文物收藏和品牌交流展览。2021年，山东密切与海外中国文化中心、旅游办事处等机构合作，与海外孔子学院合作编辑出版山东国际游学教材读物，同时积极参与2021年海外线上"欢乐春节"活动，争创"东亚文化之都"，承办"2021卢森堡·中国山东文旅年""日本·中国山东文旅月"等活动。2022年，第三届中国国际文化旅游博览会、首届中华传统工艺大会在济南开幕，以"博览中华手造 共享文旅盛会"为主题，设置山东国际会展中心和"山东手造"展示休验中心两大会场，在济南市设置20个分会场，同时在全省各地举办70项签约、论坛等系列活动。2023年，"菏泽牡丹国际传播论坛"在山东省菏泽市举办，300余位中外嘉宾齐聚菏泽，以花为媒、以花会友，围绕"打造中华文化标识，向世界讲好菏泽牡丹故事"这一主题，共同探讨牡丹作为中华文化标识的国际传播之道。

三、多措并举推动山东文化"走出去"

近年来，山东充分发挥文化资源大省的独特优势，积极推动齐鲁优秀文化走向世界，当好推动中华优秀传统文化创造性转化、创新性发展的"探路者""先行者"，让中华优秀传统文化"活起来""走出去"，不断提升齐鲁文化的传播力和影响力。

（一）重点打好"孔子牌"

孔子文化是中国几千年优秀传统文化的主干和精髓，是世界文化宝库中的一笔珍贵财富。山东是孔子的出生地和儒家文化的发祥地，孔子被国际社会誉为"世界古代十大思想家之首"，孔子所创立的儒家思想博大精深、源远流长，不仅成为中国传统思想文化的主流和主干，塑造了中华民族的基本精神品格，而且超越时代和国界，成为东方文化的重要标志和世界文化宝库的重要遗产，对中华民族发展和人类文明进步有着不可磨灭的贡献，其思想精华至今仍熠熠闪光，成为人类文明共同的宝贵精神财富。

习近平总书记指出："我们一定要重视历史文化保护传承，保护好中华民族精神生生不息的根脉。"按照习近平总书记的指示精神，山东重点实施孔子品牌带动战略，着力打好对外文化交流的"孔子牌"，有力推动以孔子文化为代表的山东特色文化在世界范围内的传播和交流。

山东以孔子为主题，整合文物、非遗、演艺、图书等资源，针对不同国家、不同地区、不同民族，推出系列化、标准化的对外文化交流和服务的"集装箱"。着力推进"孔子文化展"标准化建设，开展"孔子文化周"等一系列活动，并探索形成尼山世界文明论坛等多个载体平台。实施孔子文化和旅游使者计划，在海外重点客源市场发展孔子旅游专家2900余名。积极打造孔子文化产业链，推出了"孔子文化节""曲阜民俗游""孔府美食游"等优秀旅游产品和一批孔子文化演艺品牌，着力提升孔子修学游、寻根朝觐游、成人之旅、启蒙开笔礼等文化旅游产品的精神内涵，开发祭孔乐舞、开城仪式、鲁国古乐等演艺旅游项目，扶持建立了500多所遍布世界各地的孔子学院。

2021年和2023年两届"儒家经典跨语言诵读大会年度盛典"在山东举办，旨在弘扬以孔子为代表的中华优秀传统文化，提炼中华民族独特的精神标识，增进中外文明交流互鉴，讲好中国故事、传播好中国声音。2021年，首届儒家经典跨语言诵读大会年度盛典在山东济南成功举办。这场以儒家经典和中外语言为桥梁纽带的文化盛宴，创造性地通过柔性传播方式，让更多国际友人对中国文化符号、中国文化故事产生好感，进一步推动中华文化"走出去"。中国、俄罗斯、美国、英国、法国、瑞士、日本、韩国、马来西亚、泰国、越南、老挝等47个国家，以及香港特别行政区和澳门特别行政区的众多中国文化爱好者们用不同语言共诵儒家经典，传承弘扬这具有世界共同价值的中华优秀文化。2023年，第二届儒家经典跨语言诵读大会年度盛典在山东济南成功举办，来自全球的中国文化爱好者，共同诵读经典，演绎了传统与

⊙ 2021年儒家经典跨语言诵读大会年度盛典活动现场

现代、东西方文化相交融的视听盛宴。本届儒家经典跨语言诵读大会自2022年8月启动以来，面向全球征集9种语言的儒家经典诵读作品4200余件，吸引了来自中国、美国、英国、法国、俄罗斯、韩国、日本、越南、马来西亚、老挝、泰国等50个国家和地区的众多中华文化爱好者共同参与。儒家经典跨语言诵读大会年度盛典的成功举办，掀起了一场世界范围的中国优秀传统文化传播热潮，中外学生和汉学爱好者围绕儒家经典，通过经典诵读、舞台短剧、歌舞表演、中国功夫等形式，展现了中华优秀传统文化的独特魅力。

在互联网高度发达的今天，"云传播"改变着人们的交流方式，也为文化传播交流提供了更多的途径。2022年9月，2022全球"云祭孔"大型网络直播活动成功举办，中国孔子网、济宁市文化传承发展中心联合海内外60余所孔庙、文庙、书院、孔子学堂以及文化机构，跨平台、多形式集群式直播，全方位呈现海内外祭孔盛况，立体化解读中华礼乐文化。本次直播活动通过尼山世界儒学中心视频号、中国孔子网融媒体各平台、新华社现场云、中国网、中国青年报、中青在线、新华每日电讯、环球时报、凤凰网、正观新闻、奔腾融媒、极光新闻、今视频等全国60余家央级媒体、省市媒体及新媒体平台进行直播。香港移动UTV、香港点新闻及其YouTube账号、中华微视及其Twitter和Facebook账号，面向港澳台以及海外受众同步直播。据统计，共有1200余万人次在线观看，直播平台数量和观看人数均创历史新高。

┌─ 延伸阅读 ─

中国（曲阜）国际孔子文化节

中国（曲阜）国际孔子文化节始于1984年的"孔子诞辰故里游"活动，于每年孔子诞辰（公历9月28日）前后，在孔孟之乡

⊙ 2022中国（曲阜）国际孔子文化节

即著名历史文化名城曲阜市举行。中国（曲阜）国际孔子文化节的宗旨是以纪念孔子、弘扬民族优秀文化为主题，纪念活动同文化交流、旅游观光、经济技术合作密切结合，达到纪念先哲、交流文化、发展旅游、促进开放、繁荣经济、增进友谊的目的。中国（曲阜）国际孔子文化节融文化、教育、旅游、学术、经贸、科技活动于一体，文化特色显著，活动精彩纷呈，每年吸引百万儒客信众前来研习与旅游，历经近40年的传承创新和丰富提升，中国（曲阜）国际孔子文化节在海内外产生了广泛影响，被原国家旅游局确定为国家级"旅游节庆精选活动"，被国际节庆协会评为"中国最具国际影响力的十大节庆活动"。

（二）大力实施文化品牌带动战略

近年来，山东一直高度重视文化品牌建设，先后出台政策，明确提出要把发展山东文化品牌作为文化建设的重点，把品牌建设作为文化振兴的着力点，立足资源优势和产业基础，走品牌化建设之路，大力实施文化品牌带动战略，把品牌战略纳入全省文化建设规划之中。在推动文化强省建设中，山东同样注重打造对外交流文化品牌。

山东通过不断挖掘、整合、梳理、配置本土文化资源，促进文化各种要素的集聚，加强品牌运作和经营，着力打造出体现中国气派、具有较高知名度和美誉度、地方特色浓郁的文化交流品牌，如山东（国际）文化产业博览会、青岛国际啤酒节、泰山国际登山节、潍坊国际风筝节、淄博国际陶瓷节、中国（曲阜）国际孔子文化节等。它们对于山东文化的对外输出具有良好示范效应和带动功能，使接受地的受众产生良好的满意度，从而提高了山东文化的国际影响力和吸引力，增强了山东文化的世界话语权，展现了山东的良好国际形象。

山东对外文化交流不仅注重挖掘丰富多样的文化资源，而且注重全方位地发挥每个地方塑造文化交流传播品牌的积极性、创造性，由此形成了系列性、多元化、层次化的对外文化交流品牌，构建起覆盖全面、结构合理的对外文化交流传播品牌体系。

为增强齐鲁文化传播交流的有效性，提高文化交流和合作水平，山东深入挖掘孔子、红色、滨海、泉水、泰山、黄河、运河等多种多样的文化资源宝库，并加以充实和提升，赋之以新的形式、新的内容、新的机制，使品牌更加响亮，更具国际特色。2023年4月，黄河文化国际传播论坛在山东东营举行，中外专家学者及各界代表相聚黄河入海口，从不同角度献策黄河文化国际传播。

延伸阅读

黄河文化国际传播论坛

黄河文化国际传播论坛以"开启黄河文化国际传播新篇章"为主题，从黄河文化内涵及国际传播、黄河文化国际传播策略、媒体传播经验与实践三个角度进行观点碰撞、深入对话。海内外学者从学界业界、国际国内不同的维度，专题研讨如何深入挖掘黄河文化的丰富内涵、精神特质与时代价值，进一步创新和提升黄河文化国

际传播的策略与效能。此外，论坛还围绕"黄河文化内涵及国际传播""黄河文化国际传播策略""媒体传播经验与实践"开展圆桌对话。新时代，黄

⊙ 2023年4月18日，黄河文化国际传播论坛在山东东营开幕

河文化需要赋予新的内涵，注入新的价值观，黄河文化亟待传承、发展和弘扬。山东在推动文化"两创"方面聚焦发力，让黄河文化"活起来""走出去""热起来"，让黄河文化澎湃大流量。通过弘扬黄河文化，讲好黄河故事，向世界讲述一个可敬、可爱、可信的中国。

山东在整体性布局的同时，深化地域性对外文化交流品牌的研究与塑造挖掘工作，每个地市都制订各自的文化外交发展规划，以文化融入为手段，合理定位、务实开发、强化宣传，尤其致力于经营好、管理好"一山一水一圣人"的金字招牌，使其对山东文化的交流传播发挥更大的带动作用。

在实施对外文化传播品牌扶持战略的过程中，山东重视多点开花、立体呈现，注重开发管子、孙子、孔子、孟子、荀子、墨子等多种名人文化资源，提高其在文化传播方面的比重，形成对外交流的多样化品牌，为山东文化对外交流品牌组群建设注入了强大的灵魂和血液，成为齐鲁文化勃勃生机的不竭动力源泉。

（三）实施"山东—海外中国文化中心年度合作"工程

山东大力推进现代文化市场体系建设，健全非物质文化遗产保护传承机制，持续推动齐鲁文化"走出去"。积极参与海外中国文化中心建设，实施"山东—海外中国文化中心年度合作"工程。

2018年，山东省文化厅与新西兰中国文化中心共同举办了"欢乐春节""莱西木偶展演""日照农民画展""魅力中国面孔知识竞赛"以及古琴、剪纸、风筝、木板年画、拉面制作培训班等一系列文化交流活动，有力地促进了中新文化交流。2018年9月，由新西兰中国文化中心、山东省文化厅共同举办的"非遗进校园——山东潍坊风筝扎制及展演活动"走进维多利亚大学孔子学院旗下塞缪尔·马斯顿学校孔子课堂，特别邀请国家级非物质文化遗产项目风筝代表性传承人郭洪利走进该校园，这是新西兰中国文化中心常年推进的"非遗进校园"系列文化展示活动之一，旨在为2019"中新旅游年"引入富有中国地域特色的民俗文化内容，让有意前往中国旅行的新西兰居民获知更多饶有趣味的中国文化精品。春节是中韩两国的传统佳节，也是人类的共同文化遗产。2019年9月，由山东省文化和旅游厅、惠灵顿中国文化中心主办，山东省旅游推广中心、新西兰亚洲图书文化中心承办的"孔子家乡·好客山东"文化旅游图片展在新西兰奥克兰举办，此次展览全方位展现了山东深厚的文化积淀和丰富的旅游资源，为新西兰民众了解中国及山东省打开了一扇新的窗口，进一步推动了两国人文交流和旅游合作。

首尔中国文化中心每年都与韩国各界朋友举办"欢乐春节"系列活动，向人们讲述家庭和亲情的春节故事，继承和弘扬天人合一的春节文化。2019年春节，首尔中国文化中心举办了"2019韩国·中国山东文化年——山东木版年画展览暨年俗讲座与非遗展演"活动，展演的非遗项目主要有东明粮画、菏泽面塑、高密剪纸、高密木板年画等，共分三个主题、38组、55件。2019年3月，由首尔中国文化中心与山东省文化和旅游厅共同主办的"海丝新篇"——2019韩国·中国山东文化年暨齐鲁新韵·山东海洋贝瓷文化展、孔子故乡·大美山东图片展在首尔中国文化中心开幕，展示了山东的人文之美、发展之美，增进了山东与韩国之间各领域的交流。

（四）深入接轨国际化文化市场

依据"和而不同"的理念，山东一方面根据文化交流对象的国情、世情、民情，注重尊重文化输出地的文化习俗，努力寻求不同文化间的共同点，更好地生产和传播能够满足国际化文化市场需要的文化产品。另一方面在主题选择、内容创意、产品形式等方面着眼于创新，生产出既有齐鲁特色又能与国际接轨的文化产品，力争在国际文化舞台上独树一帜。

积极创新对外文化交流的内容与形式，重点打造文化附加值高、具有中国与山东特色的文化原创精品，向世界展现山东独有的创新性文化，创新山东对外文化交流的宣传理念、传播机制，开拓了文化交流互鉴的新通道、新领域、新客户。

2018年1月，由山东省文化厅主办、山东省文化创意设计行业协会承办的"齐鲁，不一样"文创展团，参加在香港会议展览中心举办的2018香港国际授权展，向世界展示不一样的齐鲁文化，与国际同行交流对接授权市场、版权产业、文创产业，促进对外文化贸易，助推我省新旧动能转换重大工程，不断满足人民日益增长的美好生活需要。本次山东展团共有8家企业参展，涵盖旅游文创、数字文创、城市文创、图书出版、艺术衍生、音乐文创、文化IP、创意赛事等多个领域，汇聚来自山东省17地市的文化创意精品，向世界展示不一样的齐鲁文化。山东省文化创意设计行业协会携首届"泰山设计杯"文化创意设计大赛优秀作品，展出了产品类金奖哈福恐龙系列、数字多媒体类银奖"不鸣蛙"、产品类铜奖知了优盘等实物作品；山东省旅游商品开发服务中心展区的莱州金多比以巧克力为载体，通过创意授权为食品行业赋能；济南出版社以齐鲁文化为主，重点介绍了《孔子圣迹图》等图书版权；山东工艺美术学院以其艺术作品为IP，将艺术与当代生活融合而成瓷器、首饰、家具等系列艺术衍生品；潍坊科苑、山东华登文创、烟台八分文化、济南极能教育等也分别展出了文皮克机器人、自主IP"保过君"、"城市腔调"系列文创，从多个角度创意诠释了齐鲁文化的现代传承。

（五）积极融入共建"一带一路"

山东位于丝绸之路经济带和21世纪海上丝绸之路东端交汇点、东北亚和环渤海经济圈交汇点，又是儒家文化的发源地，不论从"一带一路"倡议角度，还是从中华优秀传统文化传承发展角度，山东都具有独特的区位优势。

山东借力"一带一路"倡议，积极探索共建"一带一路"国家文化合作机制，形成了与共建"一带一路"国家多方式、多层次的文化交流格局。近年来，山东积极组织开展齐鲁文化丝路行，推动齐鲁优秀文化走向世界，把山东打造成"一带一路"国际人文合作交流中心和重要基地，以"一带一路"为主题开展艺术创作生产、文化遗产保护、文化产品开发、文化贸易合作，大力推进齐鲁优秀文化走出去。

山东针对不同国家和地区制订差异化、个性化交流举措，始终坚持尊重文化多样性，尊重不同国家和民族的文化传统、宗教信仰、价值观念，以文明交流超越文明隔阂、文明互鉴超越文明冲突、文明共存超越文明优越。

2017年8月，中国·山东"一带一路"图书版权贸易洽谈会（简称"版贸会"）在济南开幕。版贸会以"书香一带一路，文化交汇融通"为主题，来自35个国家的96家国外出版机构、51家国内出版机构以及4家版权代理机构，总计400余人参会。版贸会以项目合作和文化交流为目标，以相关活动为特色，以品牌和影响力为着力点，突出专业性、高端性，为"一带一路"沿线国家的出版机构搭建了交流、合作的平台，创造了能够有序地、持续地开展交流的文化环境，为各国参展商带来了新的机遇，促进了相互的了解和沟通，成为山东文化走向世界的一个大舞台。2018年4月，山东相继在阿联酋阿布扎比以及匈牙利、罗马尼亚和波兰举办中国—阿语地区"一带一路"图书版权贸易洽谈会和"一带一路"图书版权贸易洽谈会走进中东欧活动，各出版单位与国外出版机构共签订图书版权协议152种，其中输出版权107种，引进45种，达成版权输出意向6种。"一带一路"图书版权贸易洽谈会活动增强了山东图书在中华优秀文化方面的国际传播力，凸显了"一带一路"倡议的共商共建共享原则，促进了中外出版合作、文化交流和文明互鉴。

2023年9月，山东省委书记林武率山东省代表团访问哈萨克斯坦、乌兹别克斯坦、吉尔吉斯斯坦等中亚三国，是山东主动服务党和国家外交大局、积极融入共建"一带一路"的务实举措，也是山东同中亚国家地方延续传统友谊、密切交流合作的友好之行。山东省代表团足迹遍布三国主要城市，广泛接触国家政要及各界人士，举行20余场外

⊙ "好客山东 好品山东"展示推介会暨山东—撒马尔罕州企业合作交流会

事活动，密切友好省州、友好城市关系，开展一系列经贸文化活动，签约一批合作协议和项目，取得一系列重要合作成果，有力推动山东同中亚国家和地方各领域的务实合作，更好实现优势互补、互利共赢。代表团向中亚各界积极推介"好客山东 好品山东"，在"好客山东·丝路情长"摄影艺术精品展上，展现了中外摄影家眼中的山东与中亚，两地人文历史、民俗风情跃然眼前；在"好客山东·丝路情长"文艺演出中，通过极具特色的舞蹈、器乐、杂技、武术表演，展现出山东与中亚国家文化的独特魅力，现场观众不时报以热烈掌声。两项活动被列入"中国同中亚国家人民文化艺术年"框架，以文化交流互鉴促进友好合作不断深化。

齐鲁大地拥有丰富的历史文化资源和深厚的文化底蕴，儒家文化、齐文化、黄河文化、泰山文化、红色文化……古韵今风在此交融碰撞，诉说着山东这片热土的昨天、今天和明天，构筑起山东作为文化大省的自信和底气。山东文化"两创"正以根深叶茂之势尽显齐鲁风范，助力中华优秀文化"走出去"，吸引全球更多的目光和脚步，为传递中国声音，展现中国智慧，推进不同文明交流互鉴贡献无穷的智慧和力量。

第八章　妙笔再绘锦绣春

——谱写文化"两创"山东华章

　　实现中华民族伟大复兴，离不开中华文化繁荣兴盛；建设社会主义现代化强国，需要中华民族现代文明引领支撑。党的十八大以来，宣传思想文化工作之所以取得历史性成就，最根本就在于有习近平总书记领航掌舵，有习近平新时代中国特色社会主义思想科学指引。2023年6月2日，文化传承发展座谈会在北京举行，习近平总书记发表重要讲话，深刻回答了古今之争、中西之问、时代之路，阐发了中华文明的突出特性、"两个结合"的重大意义，提出了在新的起点上继续推动文化繁荣、建设文化强国、建设中华民族现代文明的新时代新的文化使命。10月7日，全国宣传思想文化工作会议期间，习近平总书记再次作出重要指示，为进一步做好宣传思想文化工作指明了方向。只有坚持贯彻落实习近平文化思想，坚持"两个结合"，坚持文化自信、开放包容、守正创新，创造属于我们这个时代的新文化，铸就中华文化新辉煌，才能为全面建设社会主义现代化国家、全面推进中华民族伟大复兴提供坚强思想保证、强大精神力量、有利文化条件。

　　在新时代新征程上，山东将全面贯彻习近平文化思想，深入落实总书记对山东的重要指示要求，时刻聚焦用党的创新理论武装全党、教育人民这个首要政治任务，勇于担负起在新的历史起点上继续推动文化繁荣、建设文化强国、建设中华民族现代文明这一新的文化使命，继续担负起中华优秀传统文化忠实继承者和弘扬者的历史使命，坚持"两创"

和"两个结合"，推进文化自信自强，全力构筑宣传舆论新格局、以文化人新气象、文艺创作新高峰、数字发展新引擎、活态传承新模式、文旅融合新优势、交流互鉴新高地，建设成中华优秀传统文化"两创"示范区，打造成全国文化"两创"新标杆，为新时代文化强省建设筑基固本，做中华民族现代文明建设的开路先锋。

一、打造宣传舆论引导新格局

习近平文化思想丰富和发展了马克思主义文化理论，是新时代党领导文化建设实践经验的理论总结，为做好新时代新征程宣传思想文化工作、担负起新的文化使命提供了强大思想武器和科学行动指南。要坚持用习近平文化思想武装头脑、指导实践、推动工作，健全"两创"研究阐发、传播交流、人才培养体系，构建网上网下一体、内宣外宣联动的主流舆论新格局，为打造文化"两创"新标杆提供坚实的思想舆论支撑。

建设"两创"研究全国高地。强化山东省习近平新时代中国特色社会主义思想研究中心组织统筹作用、尼山世界儒学中心学术支撑作

⊙ 2023年11月2日至3日，山东全省宣传思想文化工作会议在济南召开，深入学习贯彻习近平文化思想

用，调动高校、社科机构、社会力量的积极性，集聚国内外学术名家和青年学者，以更大视野开展选题策划，集中推出更多重大"两创"学术成果。设立中华文化"两创"理论与实践研究中心，持续办好文化"两创"座谈会，推动研究成果传播交流。实施哲学社会科学特色研究工程，重点围绕中华文明的突出特性、中华民族现代文明、中国精神，围绕"两个结合""两创""两个文明相协调"，围绕山东人文沃土优势、东夷文化、儒家文化、齐文化、泰山文化、黄河文化、运河文化、海疆文化等，开展系统化研究阐发，为"两创"提供深厚学理支撑。

壮大主流宣传舆论阵地。聚焦大流量，精心策划开展关于全国、全省重大会议、活动、部署、成效的宣传报道。强化与中央主流媒体、重点商业传播平台的对接合作，推出正能量大流量的网络作品，打造大流量传播"超级号"，释放大能量。完善省、市、县三级全媒体传播矩阵，推动大众报业集团、山东广播电视台转型升级为全国领先的新型主流媒体，市级媒体完成融媒体中心建设，县级融媒体中心建设成为服务基层群众和县域治理的总服务台。深化媒体体制机制、生产流程、人才技术等全方位改革创新，建立以新媒体生产传播为中心的全媒体指挥调度机制，推动各级各类媒体的内容、技术等资源互联互通。

打造高端文化人才聚集高地。落实《关于加强和改进新时代山东宣传思想文化人才工作的实施意见》，面向国内外，精准引进理论、新闻、出版、考古、文艺、文创、国际传播等方面的名家大师、学科带头人、紧缺专业人才，形成"两创"人才集聚效应。加强"两创"重点学科和国家社科重点实验室建设，争创国家一流学科。深入实施齐鲁文化人才工程，重点培育造就一批学术大家、文艺名家、文创专家和复合型人才。

二、打造社会以文化人新气象

文以载道、文以植德。推动文化"两创"，需要发挥中华优秀传统文化成风化俗、育人化人的作用，让中华文化基因更好地植根于人们的思想意识和道德观念，成为全体人民精神生活、道德实践的鲜明标识。山东是中华思想道德高地，历来有"礼仪之邦"的美誉，道德资源丰厚，山东省第十二次党代会作出了"构筑道德文明新高地"的要求部署。构筑道德文明新高地，就是全面推动中华传统美德融入理想信念教育，融入社会主义核心价值观建设，融入新时代文明山东、美德山东、诚信山东建设，推动形成适应新时代要求的思想观念、精神面貌、文明风尚、行为规范，提升全省文明程度和群众人文素养。

构筑中国价值践行高地。社会主义核心价值体系集马克思主义意识形态之大成，在中华民族现代文明建设中发挥着引领统摄作用。充分发挥山东人文沃土优势，坚持相互融通，以中华优秀传统文化涵养社会主义核心价值观，把践行社会主义核心价值观融入中华优秀传统文化传承发展工程。坚持贯穿结合融入，推动社会主义核心价值观融入社会发展、日常生活和法制建设，体现在国民教育、精神文明创建、文化产品创作生产的全过程，引导广大党员和群众明大德、守公德、严私德，培养担当民族复兴大任的时代新人。

实施红色基因传承工程。研究出台《山东省红色基因传承工程实施方案（2023—2027年）》，大力弘扬以伟大建党精神为源头的中国共产党人精神谱系，加强沂蒙精神的内涵阐发和时代价值弘扬，挖掘传承孔繁森精神、焦裕禄精神，让红色基因代代相传。推动理想信念教育常态化制度化，加强爱国主义、集体主义、社会主义教育，持续抓好党史、新中国史、改革开放史、社会主义发展史宣传教育，不断增强"四个自信"。加快沂蒙、胶东、渤海、鲁西四大红色文化弘扬发展片区规划建设，推动红色文化与旅游融合发展，筑牢红色基因传承载体。统筹开展红色文化研究阐释、爱国主义、集体主义、社会主义教育和国防教育，形成"五育"并举新格局。

⊙ 日照市推动"美德＋信用"深度融合，撬动文明"大能量"

统筹推进美德山东和信用山东建设。深入实施公民道德建设工程，打造一批可观、可看、可感、可体验的美德健康生活方式示范点、文明实践示范区（带）、新礼仪试点县（市、区），在全社会倡树形成"自律助人、孝老爱亲、诚信利他、节俭绿色、共建共享"的新时代美德健康生活方式。实施信满齐鲁行动，加大诚信社区、诚信企业、诚信商户、诚信个人建设，推出一批"齐鲁诚信之星"，在全社会营造重信守诺的良好风尚。实施美德和信用"五进"工程，围绕机关单位、村庄社区、学校家庭、企业行业、网络空间，进行美德和诚信示范单位建设试点，引导人们自觉做社会好公民、单位好员工、家庭好成员。实施"最美"品牌培育工程，不断推出齐鲁时代楷模、齐鲁最美人物、全省道德模范、山东好人等先进典型，将齐鲁时代楷模、齐鲁最美人物打造成享誉全国的典型选树品牌，让不同行业、不同群体都能学有榜样、行有示范，形成见贤思齐、争当先进的生动局面。

统筹推进文明培育、文明实践、文明创建工作。在文明培育上，大力弘扬劳动精神、奋斗精神、奉献精神、创造精神、勤俭节约精神，深化移风易俗，打造"和为贵"社会治理品牌，培育文明乡风、良好家风、淳朴民风。在文明实践上，巩固拓展新时代文明实践中心（所、站）"五有"建设成效，强化"五聚"服务功能，完善文明志愿服务工作体系，推行"社会工作＋志愿服务"模式，项目化常态化推进"五为"志愿服务，建设群众最爱去的精神生活服务综合体。在文明创建上，深化文明城市、文明村镇、文明单位、文明家庭、文明校园创建工作，构建全面全域全民全程创建格局，推动济南、青岛成为全国文明典范城市，实现全国文明城市设区市全覆盖，县级全国文明城市数量大幅提升。

建立全环境立德树人工作机制。实施时代新人铸魂工程，以德立校、以德立师、以德立生、以德立家、以德立事，全方位优化学校、家庭、社会、网络和心理健康育人环境。深化大中小学思政课程一体化改革，深化校园文化建设和文明校园创建，培育一批中华优秀传统文化、红色文化传承示范学校，研学教育基地，提高青少年思想道德素质，丰富未成年人精神文化生活。开展齐鲁优良家风家训征集推广活动，评选一批"文明家庭""最美家庭""智慧家长"。加强人才建设，推广全员育人导师制，配全心理健康教育教师，培养一批家庭教育指导员、正能量"网红"名师。

> **延伸阅读**
>
> ### 打造"五为"文明实践志愿服务品牌
>
> 聚焦暖心、润心、聚心，广泛开展"为老、为小、为困难群体、为需要心理疏导和情感慰藉群体、为社会公共需要"文明实践志愿服务，不断提高服务的精准化、专业化水平。围绕为老，广泛开展"十助、常陪、
>
>
>
> ⊙ 潍坊市奎文区倾心打造"志愿之区"

四解"暖心志愿服务活动（十助：助餐、助医、助洁、助浴、助行、助乐、助学、助急、助怡养、助防诈；四解：解忧、解烦、解闷、解难）；围绕为小，开展"五育三保"爱心志愿服务活动（五育：家庭教育、学校教育、社会教育、网络教育、心理教育；三保：保护健康、保护权益、保护安全）；围绕为困难群体、为需要心理疏导和情感慰藉群体、为社会公共需要，分别聚焦舒心、宽心、暖心开展服务活动，形成"五为"志愿服务协调推进格局。细化"五为"志愿服务项目指南，出台《山东省志愿服务激励嘉许办法》。发挥新时代文明实践中心作用，建立完善志愿服务制度和工作体系，构建"15分钟文明实践志愿服务圈"。建立山东省志愿服务研究培训中心，成立山东省志愿服务发展基金。

三、打造文艺创作生产新高峰

扎根优秀传统文化进行文艺创作生产是中国特色社会主义文化建设的重要法宝。中华优秀传统文化蕴含着宝贵的思想理念和高尚的道德规范，蕴含着取之不尽用之不竭的文艺素材，蕴含着独特的中华美学，是发展社会主义文艺的突出优势。在新的起点打造齐鲁文艺新高峰，必然要求大力传承弘扬中华文化基因、中华传统美德、中华人文精神、中华审美风范，推动全省文艺高原耸峙、群峰竞秀，文艺名家大师和传世精品佳作竞相涌现，打造当代中国文艺繁荣发展的示范标杆。

推进"齐鲁文艺高峰计划"。立足于争取国家大奖、争取最好票房、争取群众最多欣赏、争取更大国际传播的目标定位，突出重大历史、重大现实、重大革命题材，不断推出弘扬时代主题、反映当代价值、体现齐鲁风骨、讲好山东故事的文艺精品。推进影视振兴计划，加大对优秀原创影视剧本的扶持力度，打造山东题材、山东主创、山东出品、山东形象的优秀影视作品，进一步培育"鲁剧"品牌。实施戏剧展示提升计划，持续推进"山东省地方戏振兴与京剧保护扶持工程""山东省优秀保留剧目工程""山东省舞台艺术精品工程"，争取更多作品获得国家级奖励或入选国家级重大活动展演。实施文学攀登计划，培养一批优秀青年作家，创作出一批思想性和艺术性俱佳的文学精品，进一步提升"文学鲁军"的影响力。实施百部主题出版工程，形成每年"策划一批、出版一批、储备一批"的精品出版格局，构筑鲁版图书新优势。推进文艺作品质量提升工程，推行"一个策划、一个项目、一个创作团队、一套服务班子、一套服务举措、一套宣传推介方案"的机制模式，推动形成出精品、出人才的生动局面。

丰富群众性文艺活动。广泛开展"文化进万家""一村一年一场戏""农村公益电影放映""戏曲进校园""全民阅读"等公共文化活动，

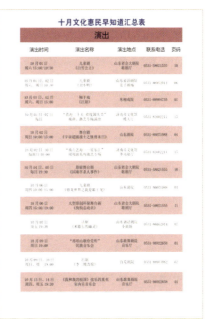

⊙ 山东各地通过发布"文化惠民早知道"为群众提供月度文化活动菜单

支持"群众性小戏小剧创作展演""新时代乡村阅读季""百姓大舞台"等文化惠民活动，创新"村晚""农民丰收节"等地方特色浓厚的农村节庆活动，开展广场舞展演、大众合唱节、全民休闲运动等群众喜闻乐见的文化活动，让人民群众的文化生活高度富有，让人民群众的文化权益得到切实保障。

创新优秀文艺作品传播展演途径。加快建设数字美术馆、线上美术展、网上演艺厅，举办视听节目展播、中国网络视听精品创作峰会、山东网络视听大会，开展网上传播评价活动，让群众享受更高品质的数字文化生活。

延伸阅读

推动黄河国家战略主题文艺创作

为推进黄河流域生态保护和高质量发展战略，推动黄河文化保护传承，山东积极推动黄河主题文艺创作，生动讲述"黄河故事"。陆续推出柳子戏《大河粮仓》、吕剧《一号村台》、现代京剧《黄河滩上凤还巢》、山东梆子《梦圆黄河滩》、电视纪录片《大河流日夜》、文化专题片《大河润齐鲁》、网络纪录片《生声不息：黄河的咏叹》等一批优秀文艺作品，出版《黄河文化通览》《黄河三角洲文化书库》《黄河文化概论》《大河安澜：共和国黄河治理纪实》等一批黄河文化丛书。大型纪录片《大河之洲》入选国家广电总局"十四五"纪录片重点选题规划，广播剧《守望黄河口》荣获第十六届精神文明建设"五个一工程"奖，剪纸《黄河情》获第十五届中国民间文艺山花奖。成功举办"长河大道——黄河文化主题美术作品展全国巡展首展活动""黄河入海流——山东省黄河文化主题美术作品展""大河奔腾——中国

196

沿黄九省（区）省会城市画院联盟优秀作品联展"等展览，推动了沿黄各地的文化艺术交流合作。

四、打造文化数字发展新引擎

随着新一轮科技革命和产业变革深入发展，文化建设全面迈入数字时代。传统文化与数字科技相互成就，传统文化为科技产品注入丰富内容，数字科技使传统文化获得创意利用和创新表达，二者的结合是中华优秀传统文化"两创"的必由之路。推动数字赋能山东文化"两创"，要聚焦文化创新，积极培育适应社会主义市场经济发展要求的市场文化、适应科技自立自强要求的创新文化、适应产业发展变革要求的数字文化，完善文化数字化基础设施，推进文化产业数字化布局和公共文化数字化建设，形成线上线下融合发展、"双效统一"的文化数字化供需新格局。

建成山东文化大数据体系。统筹利用全省文化领域数字化工程和数据库成果，建成关联思想理论、文化旅游、新闻出版、影视文艺等领

⊙ 2023年中国网络视听精品创作峰会于2023年8月24日在山东省青岛市召开

域，汇集文物、古籍、戏曲、非遗、农耕文明遗址等数据资源的山东文化数据库。依托有线电视网络设施和广电5G网络，建设山东文化专网和山东文化大数据中心，提供文化数据传输、交易和文化数字内容分发服务。推动文化机构常态化开展文化资源数字化转化工作，对各种馆藏珍贵文物进行高精度数据采集，标注、解构和重构文化遗产蕴含的中华元素和标识，将文化数据通过文化专网汇入山东文化数据库。搭建文化大数据服务平台，提供文化数据标识解析、关联重构、评估定价、匹配交易、数据金融、资产管理与运营等服务，将山东的文化资源优势转变为文化财富优势。

提升公共文化数字化服务效能。积极参与制定国家智慧场馆建设标准，推动各级文化馆、博物馆、图书馆、美术馆、剧院等提高数字化、网络化、智能化水平，普及虚拟展厅、高清直播、沉浸式体验等新型文化服务。拓展"文物山东"平台功能，整合全省博物馆的文物数字化资源，促进文物资源综合利用。加快全省智慧图书馆项目建设，加强馆藏特色资源、古籍文献等数字资源开发利用，完善智慧化知识服务运营系统。推进智慧广电公共服务工程，建设智慧广电家庭物联平台，有条件地区为农村老年群体免费提供有线电视服务。实施全民阅读"书香山东·数字阅读"共享工程，实现全民阅读基础设施和服务体系全覆盖。推动"山东公共文化云"省、市、县三级数据完全对接，完善"订单式""菜单式""预约式"服

⊙ 山东舜网传媒股份有限公司数字人亮相"第二届数字人精品秀"

务机制，构建新型服务提供与反馈模式。

实施"山东智造"文化产业工程。聚焦建强数字文化全产业链，统筹推进中华文化体验廊道数字工程、山东手造数字赋能工程等重大数字文化产业工程，集中培育一批数字文化产业园区、示范基地、龙头企业。加强文化科技研发应用，加快发展数字出版、数字影视、数字印刷、数字创意、网络视听、动漫游戏、数字演艺等数字文化新业态，鼓励创作数字精品内容，培育一批国家文化和科技融合领军企业。打造济南、青岛数字文化产业高地，在数字视听、数字出版、数字设计、数字装备等方面培育一批创新增长点、增长带、增长极，带动全省数字文化产业集群化发展。

推动数字技术应用于宣传思想各领域、全过程。以党的创新理论数字化体系建设为重点，打造理论学习宣传信息化平台，推出形式多样的宣传宣讲新媒体产品，探索依托大数据等技术生产推送个性化、定制化内容。以全媒体传播体系建设为重点，把新技术、新模态融入新闻生产、传播、分发、接收各环节，构建省、市、县三级差异发展、协同高效的媒体发展格局。以提高社会舆情分析处置数字化水平为重点，建好用好意识形态态势感知系统，加强对社会情绪、心理、心态等前瞻性研究预测，为维护意识形态长久安全提供科学依据。

延伸阅读

《山东省文化数字化行动计划》

《山东省文化数字化行动计划》（鲁宣发〔2022〕54号）是指导山东实施文化数字化战略的纲领性、政策性文件。《山东省文化数字化行动计划》分四部分，共27条具体举措。一是推进文化大数据体系建设，涵盖建设山东文化算力网络、建设山东文化数据库、搭建文化大数据服务平台、打造文化大数据产业链、加强文化数字化标准化建设、健全文化数据安全机制六大任务。二是提升公共文化数字化服务效能，涵盖推动文化场馆数字化升级、提升公共文化数字内容供给能力、实施数字文化惠民工程、构建"五为"数字化精准服务体系、打造公共文化数字化应用场景五个方面。三是实施重大数字文化产业工程，涵盖中华文化体验廊道数字工程、山东手造数字赋能工程、数字文化产业高地建设工程、数字创意设计平台培育工程、网络视听新业态孵化工程、动漫游戏全产业链提升工程、数字文化装备集群壮大工程、虚拟现实创新中心推进工程、数字出版融合创新工程、智慧文旅品牌创建工程、数字文化消费场景提升工程等十一项工程。四是保障措施，涵盖构建文化数字化治理新体系、建设高素质数字文化人才队伍、提升科技支撑水平、建立政府引导市场运作机制、加大金融支持力度五大支撑。

五、打造文化活态传承新模式

中华文化延续着我们国家和民族的精神血脉，既需要薪火相传、代代守护，也需要与时俱进、推陈出新，在保护中发展、在发展中保护，让收藏在博物馆里的文物、陈列在广阔大地上的遗产、书写在古籍里的文字都活起来。山东是中华民族历史文化积淀的代表性地域、中华文化标识的重要承载空间，珍贵历史文化遗产异常丰富。要围绕打造文化"两创"新标杆，推动齐鲁文化遗产有效保护、合理利用、活态传承，让齐鲁文脉世代绵延赓续，使山东在焕发中华优秀传统文化时代风采中发挥引领作用。

推进"山东文脉"工程。增强延续中华文明的历史使命感,全面加强古籍文献学术研究,辑录和整理出版山东历代传世文献,高质量推进《齐鲁文库》编纂,持续推进全球汉籍合璧工程,做好《儒典》宣传推介,着力打造中华优秀传统文化最丰富、最完备的集大成之作。

实施中华文明精神标识和文化精髓提炼计划。积极贯彻落实党的二十大关于提炼中华文明标识和精髓的要求部署,深入推进文物保护利用"十大工程",启动齐鲁文化基因解码利用工程,加强东夷文化挖掘和研究,提升泰山、"三孔"等世界遗产保护利用水平,推进济南"泉·城文化"景观、青岛老城区申遗,丰富提升"礼出东方""稷下学宫"等文化标识,建成一批国家级和省级考古遗址公园,把山东打造成为"东亚儒学探源地""中华文明从未间断见证地""人类轴心时代文明高峰体验地"。

推进"山东手造"工程。进一步健全非遗保护和管理制度,积极创建国家级文化生态保护实验区,办好中国非物质文化遗产博览会,促进非遗薪火相传。推动"山东手造"与"山东智造"一体打造,突出时尚化、生活化,发展手造新技术、新产品、新模式、新业态,让更多手造

⊙ 2023年11月1日,山东手造"鲁班锁"被中国常驻联合国代表张军推荐给联合国安理会成员

产品走进群众身边。实施"强链""补链""延链",认定一批"山东手造"重点园区、重点产业、重点品牌,持续打造手造馆、手造街、手造节,建成集产销、研发、宣传、展示体验于一体的山东手造产业体系。聚焦产品展销,持续推动"山东手造"进高速服务区、进景区、进商超,建成更加完善的线上展销平台、直播基地,形成"山东手造"全域营销网络。聚焦塑造"中华手造"品牌,立足"买全国、卖全球",形成全国最大的手造产品集散地和最有影响的手造产业集聚区。

六、打造文旅融合发展新优势

文化和旅游深度融合、相互促进。文化为旅游赋魂,提升着旅游的内涵和品质;旅游为文化铸体,带动了文化的传播和消费。建设文化强省,离不开雄厚的"文化硬实力",需要不断塑造文旅产业新优势,以文塑旅、以旅彰文,实现文化和旅游双向赋能,不断巩固优势叠加、双生共赢的良好局面,构建全域文化"两创"和文化旅游深度融合高质量发展新格局,使山东成为全国文创产业重要支撑地和国际著名文化旅游目的地。

聚力打造中华文化展示新空间。着力优化发展布局,打造济南都市圈、青岛都市圈文化旅游发展极,深入构建"两大都市圈拉动、三大公园引领、四廊一线贯通、八大片区支撑"的文旅融合发展新格局。统筹推进三大国家文化公园建设,细化黄河、大运河、长城国家文化公园(山东段)建设任务清单,探索以聊城、济南、济宁、泰安、菏泽等市为依托建设"两河"文化试验区,树立新的国家级文化标识。加快编制四大传统文化传承创新片区和四大红色文化弘扬发展片区建设规划,扎实推进遗产保护、基础设施、乡村振兴、文旅融合项目建设,打造一批文化"两创"标志性成果。

全力壮大特色文旅产业集群。坚持创新驱动,突出要素集约,重点发展山东手造、创意设计、文化智能制造、影视创意、网络视听、动漫游戏、数字演艺娱乐、文化会展、数字出版与绿色印刷、研学文旅等十大文化创意产业，培育10个以上百亿级文化创意产业集群。实施百企领航工程，推进文旅企业战略性并购重组和品牌化经营，培育30个以上精品旅游"十强产业"领军企业、100家文旅领航型企业。大力支持民营文旅企业发展，引导中小微文化企业向"专精特新"迈进，培育一批"单项冠军"。实施重大文化产业项目带动战略，围绕国家文化公园、文化体验廊道、文化传承发展片区，因地制宜实施一批基础性、突破性、长期性的引领示范项目，成为招商引资新热点。发挥园区集聚带动效应，围绕新技术、新产业、新业态、新模式，推动文化园区由要素集聚空间向创新发展平台转变，高标准建设国家级文化产业示范园区（基地）、全国版权示范园区（基地）。

着力拓展"文旅+"发展空间。推进"文旅+农业"发展，依托丰富的农业、农村和乡村民俗资源，培育富有山东地域特色的乡村旅游和农业休闲产业集群。推进"文旅+工业"发展，依托企业文化、行业精神、齐鲁特色等增强工业旅游魅力，打造青岛啤酒、百年宏济堂、张裕葡萄酒、东阿阿胶、中国东方航天港等一批国际化工业旅游基地。推进"文旅+体育"发展，丰富发展水上运动、徒步健身、冰雪运动等体育旅游业态。推进"文旅+康养"发展，重点建设高端健康体检、医学美容、养生护理、医疗保健、中医药文化体验等康养旅游项目。推进"文旅+会展"发展，以济南、青岛等主要城市为重点，融入文化和旅游元素，拉长会展产业链。推进"文旅+科技"发展，打造一批文化旅游产业数字化应用场景，培育一批国家旅游科技示范园区、旅游和科技融合领军企业。在"十四五"时期，力争培育100个精品文化旅游名镇、30个旅游民宿集聚区、300个乡村旅游重点村、30个文旅康养强县和30家省级生态旅游区。

⊙ 山东大力推动"文旅＋金融"发展，提升文旅产业发展质量

实施文化和旅游消费促进行动。适应"线上经济"新消费趋势，重点培育壮大一批线上龙头企业、线上平台、线上品牌，搭建智能生活、未来商业、美食文化、旅游出行、健康生命、文创娱乐等不同文化消费场景，引导沉浸式体验等文化新业态不断涌现。深化文旅消费供给侧改革，实施百道经典鲁菜、百条美食街、百道网红小吃、百位鲁菜名厨等"四个一百"工程，推进国家级、省级夜间文化和旅游消费集聚区创建评选，全面激活夜间经济。挖掘文旅消费潜力，持续办好"山东文化和旅游惠民消费季""电影惠民消费季""山东人游山东""好客山东贺年会"等活动，建设好济南、青岛、烟台、淄博等国家文化和旅游消费示范城市和试点城市，构建全国创意经济消费引领中心。

七、打造文明交流互鉴新高地

文明因交流而多彩，文明因互鉴而丰富。中华文明之所以能够在几千年的历史长河中延续不断、历久弥新，归根结底在于其开放包容、兼收并蓄的精神特质。党的二十大作出"增强中华文明传播力影响力""深化文明交流互鉴"的部署，这是在新的起点上建设中华民族现代文明的重要任务。打造世界文明交流互鉴新高地，要坚持"走出去"

与"引进来"相结合，统筹推进对外宣传、对外文化交流和对外文化贸易，着力提升国际传播的影响力、感召力、亲和力、说服力、引导力，推动山东成为传播展示中华文明的重要窗口。

打造尼山世界文明论坛品牌。突出更多国家参与、更大国际影响力、更广国际传播效应，推动论坛向高端化、国际化、机制化、系统化发展。完善论坛举办机制，强化与中央有关部门对接、省级有关部门协调、相关地方单位协同，形成齐心协力办好全国唯一世界文明论坛的工作格局。以尼山世界文明论坛为牵引，举办黄河文化论坛、稷下创新力论坛、运河城市论坛等，完善优秀传统文化高端交流传播体系。

加强尼山世界儒学中心建设。深入实施尼山讲堂、尼山杏坛、尼山丛书、尼山文库、尼山期刊等重点项目，推出一批高质量、高水准学术研究成果。做好中国孔子基金会募集宣传推广工作，扩大基金规模，提高基金运行效率。推进联合研究生院建设，实施"尼山学者"人才计划，培养一批青年汉学家。加强与教育部、国际儒学联合会、

⊙ 2023黄河主题旅游海外推广季美国专场活动在美国洛杉矶奥斯卡电影博物馆举办，山东与山西、河南、四川、甘肃等省分别进行了文化和旅游资源推介

重点高校的战略合作，推进尼山世界儒学中心海外分中心建设，举办全国儒学社团联席会议、中韩儒学交流大会，提升尼山世界儒学中心在儒家文化圈的影响力。

推进外宣内容建设工程。加强外宣阵地建设，争创全国首批国际传播（国际友城外宣）创新基地，打造省级国际传播中心，扩大外宣媒体和平台影响力。实施话语体系创新行动，建好对外话语创新支撑平台，构建中国话语和中国叙事体系，讲好山东故事、传播好山东声音。实施"视听山东"对外传播项目，推出系列多语种外宣短视频和纪录片。实施"文化山东"对外传播项目，开展国际友城文化交流、海内外共度中华传统节日、春节文化"走出去"等线上线下文化交流活动。实施"走读山东"对外传播项目，举办"外媒看山东""外国友人话山东"等外媒采访及感知体验活动。推进国际"五友"建设，更好推动形成友城、友校、友企、友媒、友人综合人文交流新局面。

提升"好客山东 好品山东"品牌影响力。探索"好客山东"品牌授权使用、市场化运作，形成"好客山东+"品牌体系。精心策划组织"好客山东"品牌宣传推广活动，整合各市文化和旅游宣传资源，创新开展联合推介活动。实施新媒体传播工程，加强与国内知名在线旅游平台合作，开展千个网红打卡地、千名文旅达人、千个好客故事、千件文创产品等"四个一千"行动。推行"孔子文化和旅游使者"计划，加强"文艺出海""文创出海""文物外展"，构建全球推介和国际营销体系，不断扩大"好客山东"品牌的世界知名度。

后 记

为深入学习贯彻习近平文化思想，贯彻落实文化传承发展座谈会和全国宣传思想文化工作会议精神，在习近平总书记视察山东并发出大力弘扬中华优秀传统文化号召第十年，山东省委宣传部组织编写了本书，以图文并茂的形式，全面系统呈现山东省文化"两创"工作成果。

本书付梓在即，适逢全省宣传思想文化工作会议召开，山东省委书记林武出席会议并讲话，对深入学习贯彻习近平文化思想，扎实推动宣传思想文化工作高质量发展、建设中华民族现代文明高地提出明确要求。

山东省委常委、宣传部部长白玉刚对本书高度重视，提出明确要求。山东省委宣传部分管日常工作的副部长袭艳春统筹指导本书编写工作。魏长民、冷兴邦同志主持本书编写工作并审改了书稿。王小蕾、刘儒鹏、张凤莲、张伟同志组织完成了本书统稿和修改任务。车振华、任鹏程、林国华、许东、徐建勇、孙亚男、王占一同志具体执笔撰稿，姜维枫、闫娜同志参与了提纲讨论拟定工作。刘洁、马鹏、李树坡、白光博、陈静同志参与了全书的

207

审校工作。

编写过程中，山东省直宣传文化系统有关部门、单位和省委宣传部各处室提出宝贵意见与建议，并对书稿内容进行把关审核。同时，本书还吸收了有关部门和专家的相关研究成果，引用了新华社、人民日报、大众日报、大众网、齐鲁网等媒体的相关报道和图片资料，在此一并表示感谢。个别图片无法一一确定或联系著作权人，请相关著作权人及时与我们联系，以便支付报酬，聊表谢忱。

由于时间仓促、水平有限，如有不足之处，敬请批评指正。

本书编写组
2023 年 11 月